von Matt | Was ist ein Gedicht?

Peter von Matt

Was ist ein Gedicht?

Reclam

Grundlage der vorliegenden Ausgabe ist Peter von Matts Essay »Zur Anthropologie des Gedichts und zum Ärgernis seiner Schönheit«, aus: *Die verdächtige Pracht*, 1998, erschienen im Carl Hanser Verlag, Abdruck mit freundlicher Genehmigung. – Der Essay wurde vom Autor für diesen Band überarbeitet und erweitert u. a. um die Kapitel »Natur«, »Politik«, »Liebe«.

4. Auflage

RECLAMS UNIVERSAL-BIBLIOTHEK Nr. 19444
2017 Philipp Reclam jun. GmbH & Co. KG,
Siemensstraße 32, 71254 Ditzingen
info@reclam.de

Gestaltung: Cornelia Feyll, Friedrich Forssman
Druck und Bindung: Esser printSolutions GmbH,
Untere Sonnenstraße 5, 84030 Ergolding
Printed in Germany 2025

ISBN 978-3-15-019444-7
reclam.de

Inhalt

Vollkommenheit
Vollkommenheit
verstehen Sie
nichts sonst

Caribaldi in Thomas Bernhards
Die Macht der Gewohnheit

I. Vollkommenheit

Die Lyrik steht immer im Verdacht

Niemand weiß, was ein Gedicht ist. Aber alle wissen ganz genau, warum eigentlich keine mehr geschrieben werden dürften. Und da sie trotzdem noch geschrieben werden, wird bekannt gegeben, wann sie noch zulässig sind und worüber. Keinesfalls über Bäume, oder über Bäume erst recht. Keinesfalls über die Liebe, oder über die Liebe erst recht. Und ja keine Balladen! Gelegentlich ein Sonett mag angehen, aber ja keine Balladen! Für nationale Buchpreise kommen Lyrikbände nicht in Frage, und passiert es doch, herrscht Verblüffung.

Der Grundsatzstreit über die Gedichte unterscheidet sich in aufschlussreicher Weise vom Grundsatzstreit über den Roman. Beim Roman geht es immer um seine Möglichkeit, beim Gedicht um seine moralische Berechtigung.

Ein Roman von mehr als dreihundert Seiten, hieß es lange Zeit, ist nicht mehr möglich. Oder der Gesellschaftsroman, der ein soziales Panorama ausrollt und die Welt, in der wir leben, am vernetzten Schicksal von ein paar Dutzend Leuten vorführt, ist nicht mehr möglich. Oder der politische Roman ist nicht mehr möglich. Oder der Bildungsroman. Oder der Liebesroman. Insbesondere wenn er vergnügt aufhören sollte, ist der Liebesroman keinesfalls mehr möglich.

Die Begründung, warum alle diese Romane nicht mehr möglich sind, läuft in der Regel auf eine diffuse Art von Geschichtsphilosophie hinaus. Häufig wird die Undurchschaubarkeit der Gegenwart als Hauptmoment angeführt. So undurchschaubar wie heute sei die Welt noch nie gewesen. Als ob je eine Epoche für die Zeitgenossen durchschaubar gewesen wäre. Als ob nicht immer erst die Romane die Zeiten durchschaubar gemacht hätten.

Die Unmöglichkeitsdiagnosen dem Roman gegenüber beruhen mithin auf einer kaum untersuchten, aber eminent wirksamen Form des kollektiven Narzissmus. Dieser besteht in der Dämonisierung der eigenen Gegenwart gegenüber der ganzen bisherigen Geschichte. Kinder und sparsam belesene Leute unterscheiden bekanntlich nur zwischen »heute« und »früher«. Heute ist alles anders als früher. Heute, das sind wir, und wir sind gänzlich verschieden von denen von früher. Die früher, die hatten ja keine Ahnung und die würden was staunen, wenn sie uns sehen könnten. »Früher«, das können von Fall zu Fall die 1960er Jahre sein oder das 18. Jahrhundert oder die alten Römer, so genau kommt das nicht drauf an, da es nur einen einzigen Unterschied gibt: früher und heute. So naiv dieses Denkmuster erscheint, so allgegenwärtig ist es doch. Es stellt die schlichteste Form des geschichtlichen Denkens und gleichzeitig die eingebildetste dar: zu Leuten, wie wir sind, hat es die Weltgeschichte in all den Jahrtausenden jetzt erstmals gebracht.

Wenn hinter den Zweifeln am Roman dieser Narzissmus der Gegenwart steht, der sich in ästhetische und literaturgeschichtliche Axiome kleidet und doch von nichts weiter zeugt als einer Schwäche der historischen Einbildungskraft, so steht es bei den Zweifeln an der Lyrik deutlich anders. Sie sind durchweg moralisch bewegt. Die Differenz ist aufschlussreich. Auch der Lyrik gegenüber sind diffuse Vorstellungen am Werk, aber anderer Art als beim Roman. Das Gedicht, so die unreflektierte Annahme, hat Luxuscharakter und betreibt Weltverklärung. Beides könnte man zwar allen Formen von Literatur vorwerfen, denn beides kommt nachweislich in allen Formen von Literatur vor. Aber Luxus und Lüge werden dem Gedicht um vieles rascher nachgesagt als den Dramen und Erzählungen. Gegen den Verdacht von Luxus und Lüge muss sich das Gedicht bereits als Gattung verteidigen. Bis zum Beweis des Gegenteils gilt er als gegeben. Und im Grunde verlangt man von jedem einzelnen Gedicht, dass es seine Existenz moralisch rechtfertigt. Auch wenn dies sein ästhetischer Ruin ist.

Schon dass man ihr Luxus und Lüge so ohne Weiteres nachsagen kann, zeichnet die Lyrik aus. Wie die großen Heiligen das Zeug zu großen Sündern haben müssen, weil sonst die Heiligkeit eben keine besondere Leistung wäre, setzt die höchste Kunst die Gefahr des tiefsten Sturzes voraus. Tatsächlich schreiben alle bedeutenden Lyriker immer wieder schlechte Verse. Der unzweideutige Kitsch ist die Folie der guten Gedichte. Ohne Schillers »Würde der Frauen« fehlte auch seine »Nänie«. Und wie schreckliche Zeilen muss man bei Stefan George ertragen, um zu jenen zu kommen, bei denen plötzlich Himmel und Erde vibrieren. Es gehört zu den ungelösten Rätseln der Literatur, dass gerade die Künstler, die der Sprache das Äußerste abfordern, ihr neue Räume eröffnen und ungehörte Klänge schaffen, offenbar gar nicht merken, wenn unter ihren schreibenden Händen das Gegenteil geschieht.

Das Gedicht will die Vollkommenheit

Dennoch ist diese Gefahr des ästhetischen Absturzes nicht der Hauptgrund für den moralischen Verdacht gegen die Lyrik. Wäre sie es, könnte der Verdacht sich ja nie auf die Gattung als Ganze richten. Das fundamentale Verdikt beruht auf einem andern, viel aufregenderen Zusammenhang. Man zögert, die Sache einfach so hinzuschreiben. Es muss aber doch geschehen. Das Gedicht will schön sein – schön im Sinne einer Vollkommenheit, die uns den Atem verschlägt. Das ist seine Peinlichkeit, sein Skandal, ist der Dorn im Auge des regierenden Kunstbegriffs. Natürlich gibt es das »Nest von jungen Wasserratten« im Haar von Heyms Ophelia[1], gibt es Benns »Krebsbaracke«[2], Jandls Horrorzeilen über das Alter[3] und sitzt Günter

Eich verseschreibend auf der Latrine, »über stinkendem Graben, / Papier voll Blut und Urin, / Umschwirrt von funkelnden Fliegen [...].«[4] Aber schon diese »funkelnden Fliegen« zeugen aus der Mitte des Widerwärtigen heraus blitzschnell vom tiefsten Wunsch aller Gedichte. Und sie tun es übrigens als ein fernes Echo auf das radikalste Ereignis von Scheußlichkeit in der Geschichte der Lyrik überhaupt, Baudelaires »Une charogne«, »Ein Aas«, wo die Fliegen ebenfalls funkelnd, schillernd, blitzend auffahren, »en pétillant«, von einem grausig stinkenden krepierten Vieh[5]. Das nachweisbare Ereignis des Hässlichen im Gedicht der Moderne widerlegt das Prinzip nicht, dass das Gedicht schön sein will. Es schafft auch das Ärgernis dieses Prinzips nicht aus der Welt.

Warum Ärgernis? Wir haben uns bequem eingerichtet mit der Regel, dass die Kunst »wahr« sein müsse, die Wahrheit aber nach dem Kenntnisstand des 20. Jahrhunderts keineswegs »schön« sei. »Wahr« könne nur sein, was nicht schön ist. Also ist, was schön ist, nicht wahr, ist Lüge. Also will eine Gestalt der Literatur, die ihrem innersten Wesen nach schön sein will, ihrem innersten Wesen nach lügen, ist sie verlogen von Grund auf. Hier liegt der Ursprung allen Verdachts gegen die Lyrik. Und damit zeigt sich, dass der Verdacht gegen die Lyrik selbst den Beweis erbringt für das Axiom: Das Gedicht will Vollkommenheit.

Für das Gedicht selbst ist das kein Problem, auch für die wirklichen Dichterinnen und Dichter nicht. Diese haben ohnehin keine absolute Verfügungsgewalt über das, was sie schreiben. Das Gedicht ist ein Ereignis wie ein schießender Stern oder der Schrei aus dem eigenen Mund, an dem wir in der Nacht erwachen. Wenn dieses Ereignis seinem innersten Willen nach schön sein will, was soll es selbst sich darum kümmern? Ein Problem, und ein dorniges, bitteres, stellt die Tatsache erst für jene dar, die über Gedichte zu reden haben.

Sie nämlich dürfen das simple Faktum nicht aussprechen, weil sie sich sonst selbst vor einer wachsamen Öffentlichkeit der Verlogenheit schuldig machen. Weil »schön« nicht »wahr« sein kann, vertritt, wer eine bestimmte Kunst von ihrem Willen zur Schönheit her definiert, eine faule und falsche Ästhetik, eine Ästhetik der Lüge. Er spricht der Kunst den Willen zur Wahrheit ab, entlässt sie überhaupt aus der Pflicht zur Wahrheit und macht sie zum Luxus. Wir aber brauchen doch die Wahrheit. Wir brauchen die Kunst, weil wir die Wahrheit brauchen. Und was nicht gebraucht wird und gleichwohl da ist und gefallen will, ist Luxus. So hängen Lüge und Luxus im Verdacht gegen die Lyrik zusammen. So ist aller Verdacht gegen die Lyrik ein entschieden moralischer.

Mit der Diffamierung und Tabuisierung der Kategorie »Schönheit« hat sich das Reden und Nachdenken über Kunst im späten 20. Jahrhundert in ein Dilemma gebracht, aus dem es sich offenbar nicht mehr befreien kann. Auch die Flucht in die Theorie des »Erhabenen« bringt da keine Lösung, sie bestätigt nur das Drängende des Problems. Und man ist auch keineswegs aus der Klemme, wenn man die Sache unverblümt benennt. Schließlich will einer weiterhin über Gedichte reden und kann dies nicht anders tun als mit den geltenden Formen des ästhetischen Diskurses und mit den geltenden Bedeutungen der Schlüsselwörter. Die heute geltende Bedeutung des Schlüsselwortes »schön« als Kategorie der Kunst aber ist – weit über die Lyrik hinaus – emotional gestört und ins Schiefe verzerrt durch die Normen einer kollektiv verordneten ästhetischen Moral.

Wenn man sagt, jede Frau wolle schön sein, ist das ein Klischee und womöglich ein sexistischer Akt. Dass dem trotzdem so ist, macht die Sache nicht einfacher. So auch beim Gedicht. Wenn man sagt, jedes Gedicht wolle schön sein, ist das sowohl ein Klischee als auch, womöglich, ein reaktionärer Akt. Da will offenbar einer zurück zum »Wahren, Guten, Schönen«, zurück zu einer abgetakelten Ästhetik. Weit zurück will er, denn die »nicht mehr schönen Künste« wurden schon in den späten 1960er Jahren an berühmter Stelle von berühmten Köpfen zur Schau gestellt[6]. Und standen nicht die übelsten Verfolgungen der modernen Kunst in diesem Jahrhundert unter der Parole, diese Werke seien nicht mehr schön, seien hässlich, seien entartet und müssten zerstört und verbrannt werden und die Künstlerinnen und Künstler am besten gleich mit? Soll man da nicht auf das ominöse Wort gleich verzichten?

Es geht um das anthropologische Ereignis des Gedichts

Hier geht es um keine Rekapitulation theoretischer Diskurse der Moderne, hier geht es um das anthropologische Ereignis des Gedichts. Zu diesem gehört das Faktum, dass es vollkommen sein will. Und also ist auch der Wille des Gedichts, vollkommen zu sein, ein anthropologisches Ereignis und von der Kunsttheorie allein her gar nicht anzufechten. Das Prinzip gilt ganz unabhängig davon, wie der einzelne Text von Vers zu Vers aussieht. Es gilt ganz unabhängig von der Tatsache, dass es große Texte gibt, die Manifestationen des Ekels sind, des Horrors, einer unbegrenzten Abscheulichkeit. Diese widersprechen jenem innersten Willen nicht. Sie klagen darüber, dass er nicht einzulösen ist. Ein so finsteres Gedicht wie Ernst Jandls »von zeiten«, geschrieben in einer absichtlich kaputten Sprache – ein Gedicht aber, das an seinem Ende das genaue Entstehungsdatum hinsetzt, »28. 11. 77«, und das tut man nicht bei wertlosen Dingen –, ein so wütend-trauriges und böses Gedicht: Wovon spricht es denn, wenn nicht von der verlorenen Herrlichkeit unversehrter Sprache, unversehrter Verse und einer Existenz, die selber herrlich wäre und die herrlichen Verse rechtfertigte? Wovon spricht es denn, wenn nicht davon, dass es vollkommen sein möchte?

sein das heutentag sein es ein scheißen tag
sein das gestern tag sein es gewesen ein scheißen tag
ebenfalz
kommen das morgen tag sein es werden ein scheißen tag
ebenfalz
und so es sein aufbauen sich der scheißen woch
und aus dem scheißen woch und dem scheißen woch
so es sein aufbauen sich der scheißen april
und es sein anhängen sich der scheißen mai
und es sein anhängen sich der scheißen juni scheißen
juli august
etten zetteren
so es sein aufbauen sich der scheißen jahr
und auf allen vieren der scheißen schalten jahr
und haben jeden der scheißen jahr darauf einen nummeron
neunzehnscheißhundertsiebenundsiebzigscheiß
scheißneunzehnhundertscheißundachtundscheiß-
siebzigscheiß
so es sein aufbauen sich der scheißen leben
schrittenweizen hären von den geburten
und sein es doch wahrlich zum tot-scheißen[7]

Und umgekehrt: Ingeborg Bachmanns Hymnus an die Sonne, der wie aus verschollenen Jahrhunderten heranrollt: Was ist er, wenn nicht ein Bekenntnis, dass das Gedicht heute noch so schön sein möchte, wie es schön war zu der Zeit, als die Sprache, die es zitiert in seinen ersten Versen – eine absichtlich altertümliche Sprache, prunkvoll wie die längst verlöcherten Purpurmäntel der Königinnen –, noch galt und erschallte als die selbstverständliche Intonation aller richtigen Gedichte?

Schöner als der beachtliche Mond und sein geadeltes Licht,
Schöner als die Sterne, die berühmten Orden der Nacht,
Viel schöner als der feurige Auftritt eines Kometen
Und zu weit Schönrem berufen als jedes andre Gestirn,
Weil dein und mein Leben jeden Tag an ihr hängt, ist
die Sonne.
[...][8]

Wohlgemerkt: diese Verse *sind* nicht schön, sie sind das Echo alter Schönheit und gewinnen deren Klang für die Gegenwart nur mittels einer komplizierten künstlerischen Operation.

Die zweite Beute

Wenn aber das Gedicht ein anthropologisches Ereignis ist und nicht nur eine zeitweilige Praxis, wenn es mehr ist als die vorübergehende Kulturtechnik eines, zweier Jahrhunderte, dann stellt sich die Frage, womit sein Wille, vollkommen zu sein, anthropologisch zusammenhängt. Die Antwort ist einfach und unergründlich. Der Mensch kann die Vollkommenheit denken. Seit er sie denken kann – und das muss einmal angefangen haben –, ist er davon besessen. Er sucht die Vollkommenheit, er lokalisiert sie im Jenseits oder am Anfang der Geschichte im Paradies. Er entwickelt Verfahren, sich ihrer als der eigenen Zukunft zu vergewissern: Wenn ich diese Vorkehrungen treffe, werde ich sie dermaleinst ganz haben. Er braut Getränke, fabriziert Destillate, die ihn den akuten Besitz der Vollkommenheit erleben lassen. Er wirft alle Lichter seiner Phantasie auf die schöne Partnerin, den einnehmenden Partner und erlebt durch die Destillate der Einbildungskraft die verwirklichte Vollkommenheit im Gegenüber. Seit der Mensch denken kann, ist die Vollkommenheit die zweite Beute, auf die er, neben den erlegten Tieren und den erschlagenen Feinden, auf immerwährende Jagd zieht. Dabei wird er konfrontiert mit der Zeit. Die Idee der Vollkommenheit wirft ihn überhaupt erst in die Reflexion über die Zeit. Denn das Paradies, das er denken muss, um die Welt zu ertragen, liegt immer jenseits einer Zeitgrenze, am fernen Anfang oder am fernen Ende der Geschichte, vor oder nach der eigenen Lebensstrecke. Und wenn sich die Erfahrung akuter Vollkommenheit, über welche Destillate auch immer, ereignet, ist sie unweigerlich verbunden mit der Erfahrung des Endes, der Erwachens, der zeitlichen Grenze auch hier. Vollkommenheit aber kann nicht der Zeit unterworfen sein, sonst ist sie nicht mehr, was ihr Name sagt. Die Idee der Vollkommenheit will deren Unbedingtheit und Unbegrenztheit, deren Unvergänglichkeit. Die vollkommene Sekunde als Erfahrung entwirft immer neu den Gedanken einer vollkommenen Sekunde, die nie aufhört und also wahre Vollkommenheit erst wäre.

Das Gedicht gehört in den Kreis dieser zweiten Beute. Es versucht, das Akute, das Plötzliche, die Sekunde der Vollkommenheit in Dauer zu verwandeln. Hier kann der Moment ewig werden. Und ein großer, ein grundlegender Teil der europäischen Lyrik redet im Versuch, dies zu erlangen, von nichts anderem als von diesem Versuch selbst. Unvergleichlich tut es Shakespeare in seinen Sonetten. Ganz einfach und gewaltig bringt er alles zusammen in den jeweils 14 Zeilen. Er spricht von der Schönheit des Geliebten, von der Schönheit der Rose, von der Schönheit des Gedichts. Er spricht von der Schönheit als dem Absoluten, dem Vollkommenen eben, und dem Vollkommenen als Ziel und erstrebtem Besitz: der hohen Beute. Und sofort spricht er auch von der Zeit, klagend, verzweifelnd, wütend spricht er von der Zeit, die die Vollkommenheit zum bloßen Augenblick macht. Dann aber redet er vom Gedicht, seinem Gedicht, diesem Gedicht, das sich selbst erfüllt, indem er in ihm von ihm redet: »this powerful rhyme«[9]. Das Gedicht rettet die akute Schönheit der geliebten Frau und des geliebten Mannes hinüber in die Dauer. Es reißt sie heraus aus der fressenden, sichelnden, säbelnden Zeit. Die Rose geht ein in das Gedicht, sie wird zum Gedicht und das Gedicht ist die Rose, aber auf immer. Im Gedicht werden die drei vollkommenen Tage der Rose zu Jahrhunderten, Jahrtausenden – die Dichter sind nie großzügiger, als wenn es um die Benennung dieser Dauer geht. Schönheit und Zeit feiern im alchimistischen Prozess des Gedichts geheimnisvolle Hochzeit. Shakespeares 54. Sonett spricht ausdrücklich von der Destillation, einer Technik übrigens, die damals noch nicht sehr lange bekannt war und, nach arabischen Vorgaben, zuerst in den Klöstern erprobt und weiterentwickelt wurde. Auch dieses Gedicht verbindet die dreifache Schönheit: des Geliebten, der Rose und seiner eigenen Verse. Wie die Rose im Sterben zu Wohlgeruch verwandelt wird als Parfum, wie ihre Schönheit im Duft überlebt und Dauer gewinnt über die drei Tage hinaus, so destilliert der Dichter, sagt der Dichter, aus der flüchtigen Schönheit des geliebten Menschen dessen Wert und dessen Wahrheit zur fortbestehenden Herrlichkeit der Verse. »Of their sweet deaths are sweetest odours made«, heißt es in der drittletzten Zeile von den Rosen, aus ihrem süßen Sterben werden süßeste Gerüche gemacht. Und darauf der Doppelvers am Ende:

> And so of you, beauteous and lovely youth,
> When that shall vade, by verse distills your truth.[10]

Noch und noch wiederholen Shakespeares Sonette diesen Vorgang und feiern sich selbst in der Feier des schönen Gegenübers und im eigenen Triumph über die Zeit. Das berühmte 18. Sonett (»Soll ich dich einem Sommertag vergleichen«) endet mit der unerhörten Behauptung, durch das Gedicht über den

Tod zu siegen und dem Freund ein Weiterleben auf dieser Erde zu verschaffen, so lange wie es Menschen überhaupt gibt:

So long as men can breathe or eyes can see,
So long lives this, and this gives life to thee.[11]

»So lang lebt dies, und dieses schenkt dir Leben« – mit diesem »this« benennt das Gedicht sich selbst. Und es spricht sich darin selber das fortdauernde Leben zu und die fortdauernde Schönheit, definiert sich von seiner Schönheit und unzerstörbaren Dauer her.

Der zertanzte Tod

Dass die Gedichte immer wieder die Rose suchen und beschwören, allen Gefahren der Trivialität und Abgegriffenheit zum Trotz, hängt also mit dem Wesen des Gedichts zusammen: Es will vollkommen sein und die Zeit besiegen. Dauerhafter als Erz, *aere perennius*, meinte der Römer Horaz, sei sein Gedicht. Er mag das als Hyperbel verstanden haben, eine nach den rhetorischen Regeln erlaubte Übertreibung. Inzwischen ist die Behauptung längst wahr geworden. Und Shakespeare doppelt nach, in Kenntnis zweifellos der Horaz-Stelle und ihrer sachlichen Berechtigung, und erklärt, dass weder Marmor noch die vergoldeten Grabmale der Fürsten sein Gedicht überleben werden:

Not marble, nor the gilded monuments
Of princes shall outlive this powerful rhyme.[12]

Die bürgerliche Sittlichkeit mit ihrem Zwang zu demonstrativer Bescheidenheit und regelmäßigen Demutsgesten verbietet den Dichtern unserer Zeit die Grandeur solcher Selbstbestimmung. Dennoch wird man sagen dürfen: Wer den Stolz, die erhabene Prahlerei, das Selbstbewusstsein nicht aufbringt, von seinen Versen zu sagen: »this powerful rhyme«, der soll von aller Lyrik die Hände lassen. Der weiß nicht, was das ist und worum es geht: Vollkommenheit mitten in einer unvollkommenen Welt, Sieg über den Tod. Wie in den Totentänzen der klappernde Knochenmann die Könige holt, die Bettler und die Reichen und nicht zuletzt die schönen Frauen, so holt das Gedicht als Gegentanz den klappernden Tod selbst und lässt ihn jämmerlich verklappern neben den schönen Frauen.

Das dürfte männliches Denken sein, aber warum sollen Männer nicht denken, wie es ihnen ums Herz ist? Und hat nicht eine Frau im 20. Jahrhundert das Gleiche gemacht, den schönen Mann in ihrem Gedicht in die Ewigkeit gerettet und sich selbst dazu, mit einem Gedicht von so rasender Schönheit, wie es vielleicht nur einmal in einem Jahrhundert möglich ist?

Deine Seele, die die meine liebet
Ist verwirkt mit ihr im Teppichtibet

Strahl in Strahl, verliebte Farben,
Sterne, die sich himmellang umwarben.

Unsere Füße ruhen auf der Kostbarkeit
Maschentausendabertausendweit.

Süßer Lamasohn auf Moschuspflanzenthron
Wie lange küsst dein Mund den meinen wohl
Und Wang die Wange buntgeknüpfte Zeiten schon.[13]

Auch dieses Gedicht redet ebenso sehr wie vom Geliebten und der Liebe von sich selbst. »Ein alter Tibetteppich«, so der Titel über den Strophen Else Lasker-Schülers, wird zum Bild und Zeichen für das Gedicht und was es will und was es leistet. Die Signale einer kosmischen Unendlichkeit – »Sterne, die sich himmellang umwarben« – halten hinter den Ewigkeitsmetaphern von Horaz und Shakespeare nicht zurück, übertreffen sie eigentlich noch. Und in der Rede vom Kuss erscheint, was man den Mythos des Gedichts überhaupt nennen könnte, die Ewigkeit der vollkommenen Sekunde.

Weil die Liebe die Zeit fürchtet, sucht sie das Gedicht, sucht immer wieder nach der alchimistischen Hochzeit von Rose, Frau und Versen. Das Ziel muss heute fast immer versteckt werden. Denn die Schwierigkeiten scheinen unendlich angesichts des ästhetischen Misstrauens einer von der Geschichte enttäuschten Zeit. Die prachtvolle Naivität, mit der die barocken Männer ihre Geliebten reimend zu klingenden Bijouterien umschufen, ist lange vorbei.

Die schönheit / welche dir aus allen gliedern blickt /
Der hals / dem helffenbein und alabaster weichen /
Der mund / vor welchen selbst der purpur will erbleichen /
Die augen / deren blitz fast alle welt entzückt /
Und deren keusche glut die hertzen fest verstrickt /
Die stirne / die den glantz der perlen kan erreichen
Die wangen / welchen nie kein silber zu vergleichen /
Jn denen lieb und huld ihr bildniß eingedrückt;
Die wohlgestalte läng / das anmuths-volle wesen /
Die attlas-weiche hand / die schnee zuschanden macht /
Der haare kostbarkeit / und über irrd'sche Pracht /
Und was du sonsten mehr zu deinem schmuck erlesen /
Macht / daß man dich verehrt vor andern weit und breit /
Ein fehler bleibt dir nur / der ist die grausamkeit.[14]

So dichtet Christoph Otto Eltester, ein aus einsehbaren Gründen nicht übermäßig berühmter Autor des späten 17. Jahrhunderts, lauthals über seine Geliebte dahin. »An die vollkommenheit seiner Solime« heißt das Ganze. Er möchte die Vollkommenheit, von der er spricht, auch mit seinen Versen erreichen und gleichzeitig dem Hals, der Stirne, den Wangen, denen die räuberische Vergänglichkeit droht, die Beständigkeit von Elfenbein, Alabaster und Silber verleihen.

»Blason« nannte man im 16. Jahrhundert diese lyrische Rekonstruktion der schönen Frau aus allen ihren Teilen, Vers für Vers, und mit einer interessanten Pointe am Ende. Aber so archaisch und seltsam uns ein solches Unternehmen heute vorkommen mag, der größte Lyriker deutscher Sprache in der zweiten Hälfte des 20. Jahrhunderts hat es tatsächlich noch einmal gewagt. In einer Kaskade atemraubender Zeilen hat Paul Celan den letzten Blason der deutschen Literatur geschrieben.

BILDNIS EINES SCHATTENS

Deine Augen, Lichtspur meiner Schritte;
deine Stirn, gefurcht vom Glanz der Degen;
deine Brauen, Wegrand des Verderbens;
deine Wimpern, Boten langer Briefe;
deine Locken, Raben, Raben, Raben;
deine Wangen, Wappenfeld der Frühe;
deine Lippen, späte Gäste;
deine Schultern, Standbild des Vergessens;
deine Brüste, Freunde meiner Schlangen;
deine Arme, Erlen vor dem Schloßtor;
deine Hände, Tafeln toter Schwüre;
deine Lenden, Brot und Hoffnung;
dein Geschlecht, Gesetz des Waldbrands;
deine Schenkel, Fittiche im Abgrund;

deine Kniee, Masken deiner Hoffart;
deine Füße, Walstatt der Gedanken;
deine Sohlen, Flammengrüfte;
deine Fußspur, Auge unsres Abschieds.[15]

Natürlich kann man sich jetzt fleißig wie die Rätselknacker an das Auflösen dieser unbändigen Metaphern machen und über jede einzelne nachdenken, bis das Aha! kommt. Zwischen der Klammer des ersten und des letzten Verses, die beide vom Auge und von der Spur reden, vom Gehen aufeinander zu und voneinander weg, entsteht der Leib der Frau, von oben nach unten betrachtet, in einer gleichzeitig naiven und unwiderstehlich erotischen Führung des Blicks. Er entsteht aus der Rede des Gedichts und steht zuletzt da und bleibt – aere perennius, wie vermutet werden darf. Dass die Schönheit des Gedichts die Schönheit der Frau übersetzt, ihr dient und sich ihrer bedient, ist offensichtlich. Ebenso übersetzt das Geheimnisvolle des Gedichts das Geheimnis der Frau und der Liebe zwischen ihr und dem, der spricht. Die Unauflösbarkeit der Metaphern, auch wenn da und dort ein ungefährer Sinn auftauchen mag, ist die Voraussetzung ihrer Schönheit. Eine unzweideutige Relation zwischen den Bildern und dem »eigentlich Gemeinten« würde alles Licht in den Bildern zum Erlöschen bringen. Nur auf Kosten des Verstehens im herkömmlichen Sinn, im Verzicht auf das Aha!, erlangt das Gedicht den Glanz und die Pracht, den die große Poesie der feudalen Zeiten einst besaß. Und auf die Zeichensprache der feudalen Zeiten greifen die Verse ja ganz unverstellt zurück: Degen, Wappenfeld, Standbild, Schlosstor, Walstatt … Das ist kein politisches Bekenntnis, sondern eine Art und Weise, dem innersten Willen des Gedichts zu genügen: vollkommen zu sein.

So wie die Frau unbekannt bleibt, deren schöner Körper hier sichtbar und unvergänglich wird, so gewinnt Celan in seinem ganzen Schaffen den Körper der Wörter wieder zurück, das Schillern und Strahlen, die bald wilden, bald gebrochenen Farben ihrer Haut, ihre Tastbarkeit, Riechbarkeit, ihre Hitze, Härte, Kälte und liebliche Weichheit, die unendlich lebendige Oberfläche jedes einzelnen Worts, welche abgetötet wurde durch die allgemeine Überzeugung, ein Wort sei nichts als was es bedeutet.

II. Inspiration

Götterbesuch am Schreibtisch?

Wenn das Gedicht den Inbegriff der zweiten Beute darstellt, der Jagd des Menschen nach dem Vollkommenen, nach dem Besitz des Vollkommenen und, ganz zuletzt, ganz verschwiegen, nach der eigenen, grenzenlosen Vollkommenheit – denn seit er denken kann, kann der Mensch ja auch verrückt sein –, dann stellt sich die Frage, wie der Dichter überhaupt zu seinem Gedicht kommt. Auch diese Frage bringt die Lyrik früher oder später in Verdacht. Ein Gedicht, das etwas taugt, ist eines Tages einfach da und grüßt seinen Dichter. Es zu planen, nach System und Überlegung, dann zu entwerfen, dann zu konstruieren, ist aussichtslos. Ebenso aussichtslos wie der Entschluss, täglich eins zu schreiben und davon zu leben. Natürlich gibt es gereimte Texte, die so produziert werden, und es gibt sympathische, fleißige Menschen, die davon leben. Aber das gehört nicht zur Jagd nach der zweiten Beute, liegt fernab von deren Wahn und Verrücktheit.

Bekannt ist das Entsetzen Ingeborg Bachmanns, wenn sie am Morgen, Schlag neun Uhr, Max Frischs Schreibmaschine einsetzen hörte. Ein Stockwerk höher begann das tägliche Arbeitspensum. Nichts Besonderes für den einstigen Chef eines Architekturbüros, doch ein immer neues Grauen für die Autorin, bei der sich das Schreiben von Zeit zu Zeit unverhofft ergab, andauerte, stockte, wieder aufflammte und erlosch, unvorhersehbar, immerzu erwünscht und nie zu berechnen. Dass die Verfasserin der »Gestundeten Zeit« und der »Anrufung des großen Bären« sich eines Tages entschlossen habe, mit dem Schreiben von Gedichten aufzuhören, so wie man sich entschließen kann, das Rauchen aufzugeben oder das Briefmarkensammeln, ist eine schiefe Legende. Die ungebrochene, unbedrohte Produktion von Gedichten beschränkt sich häufiger als man denkt auf wenige Jahre eines Lebens. Und dies betrifft durchaus nicht nur die extravaganten Existenzen, die Bohemiens, Jungverblühten oder Frühvergammelten. Wackere, solide Männer, die ihr Leben lang auf vielen Feldern tätig bleiben, Bürger durchaus mit dem bürgerlichen Ethos der täglichen Arbeit, schreiben alle Gedichte, die sie auf Generationen hinaus berühmt und beliebt machen, in wenigen Jahren, dann ist Schluss. Auch wenn die Welt um mehr bettelt und sie selbst noch so gern mehr geben würden. Johann Peter Hebel ist so einer, und Ludwig Uhland ein zweiter. Einmal geschah's, dann war's aus. Und jene, die nach einem solchen Schluss erlebt haben, dass die Inspiration plötzlich wieder da war, haben dies immer als Geschenk, als Wunder, als unbegreifliches Ereignis betrachtet.

Berühmt, zu Recht berühmt, weil unglaublich als Vorgang, ist die Entstehung von Rilkes »Sonetten an Orpheus« und die Vollendung der »Duineser Elegien«: Nach jahrelangem Warten und Zweifeln, ob das große Schaffen überhaupt je wieder einsetzen würde, wirft Rilke in vier Tagen den ersten Teil der »Sonette an Orpheus« auf das Papier, sechsundzwanzig Gedichte der schwierigsten Form, eine der magischen Verlautungen des Jahrhunderts. Er erfährt den Vorgang als »rätselhaftestes Diktat«. Diese Sonette, schreibt er an einen Bekannten, »sind vielleicht das geheimste, mir selber, in ihrem Aufkommen und sich-mir-Auftragen, rätselhafteste Diktat, das ich je ausgehalten und geleistet habe; der ganze erste Teil ist, in einem einzigen atemlosen Gehorchen, zwischen dem 2. und 5. Februar 1922 niedergeschrieben, ohne dass ein Wort im Zweifel oder zu ändern war.«[1] Und das ist noch nicht alles, noch lange nicht: Der Februar 1922 wird ein dämonischer Monat, dämonisch im antiken Sinn, der dämonischste vielleicht der ganzen deutschen Literatur. Die »Duineser Elegien«, als Unternehmen vor Jahren abgebrochen – 1912 war die erste und die zweite, 1913 die dritte, 1915 die vierte entstanden, seither nur noch Trümmer und Fragmente –, sie werden alle zehn in einer einzigen Woche, vom 7. bis 14. Februar 1922, vollendet. Und vom 15. bis 23. Februar fliegen noch einmal 29 Gedichte auf das Papier, der zweite Teil der »Sonette an Orpheus«.

Dieses Geschehen in seiner ganzen Tatsächlichkeit wird weder psychologisch noch poetologisch je ganz zu begreifen sein, so wie es auch nicht begreiflich ist, wie ein Mensch solchen Ansturm überhaupt auszuhalten vermag. Selbst Frieda, die junge Gehilfin im Haus, sei gefordert worden, meint Rilke, »wenn ich hier oben ungeheure Kommandorufe ausstieß und Signale aus dem Weltraum empfing und sie dröhnend beantwortete mit meinen immensen Salut-Schüssen!«[2] Man kann das nur zur Kenntnis nehmen und zu verhindern suchen, dass man es mystifiziert und mythisiert. Was die Begebenheit auf jeden Fall monumental unter Beweis stellt, ist die grundsätzliche Hilflosigkeit der Dichter dem Gedicht gegenüber – welche Hilflosigkeit wiederum zusammenhängt mit der Kategorie der Vollkommenheit. Denn vollkommen kann das Gedicht nur in dem Maße sein, als es den planenden Willen übersteigt.

Beachtenswert ist gleichwohl die Stelle im zitierten Brief, wonach Rilke das, was sich ihm so gewaltig schenkte, »ausgehalten und geleistet« habe. »Geleistet« also doch! Da wird, mitten in der Schilderung einer hereinbrechenden Offenbarung und pfingsthaft niederfahrender Feuer, mit *einer* Geste auf der eigenen Tat, der eigenen Leistung, beharrt. Ob das Leisten im Aushalten bestand oder das Aushalten die Voraussetzung des zusätzlichen Leistens war, ist nicht zu entscheiden. Fest steht nur, dass genau in dem Moment, als der Dichter sich zum reinen Sprachrohr – welcher Gottheit? – erklären will, ein winziger Einspruch laut wird: *meine* Arbeit ist es trotzdem!

Natürlich kann man bei dem tollen Schauspiel immer noch vom Irrationalismus der 1920er Jahre reden und darauf hinweisen, dass Rilke sich vor jenem Februar mehrfach mit den Münchner Mystagogen Schuler und Klages beschäftigt hatte und dass insbesondere Schulers Visionen deutlich durch die Visionen der neuen Sonette schleiern. Also ließe sich wohl ein halbbewusstes Inszenieren der eigenen Schöpfungsarbeit denken, eine Ritualisierung der Produktivität über die Einfühlung in archaische Vorgänge der Seelenöffnung und des Götterbesuchs. Dann wäre die Leistung ein großartiger Selbstbetrug – aber wäre sie so nicht erst recht spektakulär? Und das Leiden, jahrelang, vor diesem Februar 1922 wird dadurch auch nicht aus der Welt geschafft.

Ergreifend aber und wert, darüber länger nachzudenken, ist die Tatsache, dass die Sonette, die den ganzen Schöpfungstaumel auslösten, ihrerseits ausgelöst wurden durch den Entschluss Rilkes, eine junge Frau, Wera Ouckama Knoop, die mit 19 Jahren gestorben war, dem Tod zu entreißen. In Gedichten sollte sie wiederkehren und weiter da sein. Ihre Schönheit und die Schönheit ihres Tanzes sollten übergehen in die Schönheit der Gedichte, in die Schönheit ihrer drehenden Bewegung von Vers zu Vers.

> DICH aber will ich nun, dich, die ich kannte
> wie eine Blume, von der ich den Namen nicht weiß,
> noch *ein* Mal erinnern und ihnen zeigen, Entwandte,
> schöne Gespielin des unüberwindlichen Schrei's.[3]

Und schon im zweiten Sonett ruft er triumphierend aus: »Wo ist ihr Tod?«, in unverkennbarem Anklang und Gegenzug zum Programmruf der christlichen Todesüberwindung: »Tod, wo ist dein Stachel?«[4]

Der plötzliche Wille zu diesen Sonetten fuhr bei Rilke zusammen mit einer neuen Erfahrung des Orpheus-Mythos, jener Geschichte vom Sänger, der die geliebte Frau durch die Gewalt seiner Gesänge aus dem Totenreich holt. Rilkes Erweckung des verstorbenen Mädchens in die zeitlose Existenz im Gedicht führte zu seiner eigenen Identifikation mit dem göttlichen Sänger, keiner Selbstverklärung, sondern einem neuartigen mythischen Reden über den Gesang, die Schönheit und die Vertrautheit aller Gedichte mit dem Tod. Wie Shakespeares Sonette denken Rilkes Strophen über die andere Zeit, die Gegenzeit nach, die in ihnen wirklich wird und die absolute Herrschaft des sichelnden, säbelnden Chronos begrenzt. Und wie bei Shakespeare taucht auch hier neben der jungen Frau die Rose auf – »ROSE, du thronende ...«[5] –, das Urbild aller Schönheit im Schatten der Sichel, und Rose und junge Frau spiegeln sich ineinander im dritten Spiegel des Gedichts.

Oder doch nur harte Arbeit?

Fast ein Jahrhundert vor den Ereignissen im Schlösschen Muzot schon hat Edgar Allan Poe alle Berichte über die Ekstasen der Inspiration und die geheimnisvollen Diktate aus dem Weltraum schroff bestritten und die mathematische Kalkulation als die einzige Basis des lyrischen Schreibens hingestellt. Gemäß dem Essay »The Philosophy of Composition« gibt es in der dichterischen Arbeit überhaupt keine Trance, nur die Genauigkeit und strenge Konsequenz eines mathematischen Problems: »the precision and rigid consequence of a mathematical problem«.[6] Und wenn Rilke als Beweis für seine Erfahrung den Band mit den Elegien und Sonetten auf den Tisch legen könnte, liefert Poe als nicht minder zwingendes Zeugnis einen minuziösen Bericht über die Entstehung seines berühmten Gedichts »The Raven«. Der ganze Aufsatz richtet sich gegen die, wie Poe meint, chronische Selbstmystifikation der Dichter:

> Most writers – poets in especial – prefer having it understood that they compose by a species of fine frenzy – an ecstatic intuition – and would positively shudder at letting the public take a peep behind the scenes ...[7]

Die meisten Schriftsteller, heißt das, und insbesondere die Lyriker, möchten alle Welt glauben lassen, dass sie sich in einem Zustand des subtilen Wahnsinns befinden, wenn sie dichten – dass sie unter ekstatischen Eingebungen stehen –, und sie würden wahrhaftig zurückschaudern vor dem Gedanken, dem Publikum einen Blick hinter die Kulissen zu gönnen ...

Hier gerät also die Lyrik, zusammen mit ihren Schöpfern, erneut in einen grundsätzlichen Verdacht, und wiederum hat dieser Verdacht seine moralische Kante. Eine große Heuchelei und Schauspielerei veranstalten die Lyriker ihrem Publikum gegenüber. Sie flunkern von Götterbesuch und Signalen aus dem Weltraum, wo in Wahrheit nur ein großes Durcheinander herrscht von unausgegorenen Ideen, die bald aufgegriffen, bald wieder fallen gelassen werden, von Einfällen, die umständlich ausgearbeitet und dann doch wieder verworfen werden. Andererseits tauchen entscheidende Elemente zufällig irgendwann auf und werden im letzten Moment noch eingefügt. Und immerzu wird gestrichen und radiert und korrigiert und ersetzt und ergänzt – nichts von der magischen Stunde, in der das herrliche Gedicht dem Dichter zufällt, als käme es vom Polarstern, als hätte es selbst sich den Autor erwählt zu seinem Medium. Und Poe bringt explizit den Vergleich mit der Bühne, die das Publikum vom Saal her, der Bühnenhandwerker aber von hinten sieht. Die wundersame Landschaft im Abendlicht oder der glänzende Thronsaal aus Gold und Marmor, die der steigende Vorhang enthüllt, ist von hinten nichts als ein Gewirr von Seilen und Leitern und Laufwerken, von grauer Leinwand und Lattenwerk, von Farbklecksen, Lappen und glitzerndem Plunder. Während das Theater aber daraus kein Hehl macht und nie behauptet, der glänzende Thronsaal sei die Residenz eines tatsächlichen Potentaten, stellt sich der Lyriker hin als einer, der leibhaftig im Ansturm jenseitiger Gewalten steht. Poe nennt ihn deshalb nicht gerade einen Betrüger, obwohl das Wort im Raum schwebt, wohl aber einen Gaukler und Schauspieler: »the literary histrio«[8].

Zur Tradition des schönen Wahnsinns

Was Poe hier vollzieht, ist ein Grundakt der Mythenbeseitigung. Und tatsächlich ist der Mythos, den er angreift und aus der Welt schaffen möchte, uralt. Er stammt aus der Epoche der genuinen mythischen Rede, ist Teil des uns am besten überlieferten mythischen Systems der Kulturgeschichte, des griechischen. Auch wenn Poe nur von den Schriftstellern seiner Zeit zu sprechen scheint – »most writers« –, verweist er doch durch ein eingeschmuggeltes Zitat auf diese immense Traditionslinie. Er spricht von »a species of fine frenzy«. »Fine frenzy« aber ist der Begriff, der bei Shakespeare genau in diesem Zusammenhang fällt, an einer der Gipfelstellen zur dichterischen Inspirationstheorie in der ganzen westlichen Überlieferung. Eine Gipfelstelle ist sie deshalb, weil sie ihrerseits den Bogen zurückschlägt zur Gipfelstelle im griechischen Disput, zur Beschreibung des Dichters in Platons Dialog »Ion«.

Die Differenz zwischen Shakespeare und Platon ist dabei ebenso aufschlussreich wie jene zwischen Shakespeare und Poe – und später wieder zwischen Poe und Rilke. Das Stichwort ist »frenzy«: Wahnsinn, Verrücktheit, Raserei. Die kühle Berechnung, die überlegte Kalkulation, die konzentriert arbeitende Vernunft, die Poe hinter dem geglückten Gedicht als dessen unabdingbare Voraussetzung sieht, ist der antithetische

Gegensatz zur Verfassung eines objektiven Wahns, den Shakespeare dem schöpferischen Akt zugrunde legt, und zur Verfassung einer gottbewirkten Ekstase, die Platon annimmt. Schöpferisches gibt es für Poe überhaupt nicht, nur ungewöhnliche Kombinationen. Weder Phantasie noch Einbildungskraft können etwas erschaffen; sie können nur Bekanntes neu und ungewöhnlich zusammenstellen: »… neither creates in any respect. All novel conceptions are merely unusual combinations.«[9] So Poe im Aufsatz »Fancy and Imagination«.

Platons Text ist in mancher Hinsicht umstritten, gilt als Frühwerk und für nicht unbedenklich in der Logik der Gedankenführung. Auch steht der zweite Teil des Dialogs in einem etwas schiefen Verhältnis zu dem, was im ersten Teil gesagt wird. Dennoch hebt dieser zweite Teil den ersten nicht auf, und das Modell, das der erste Teil präzis, plastisch, unvergesslich formuliert, existiert als solches jenseits aller philologischen Bedenken, vor allem aber hat es als solches weitergewirkt in die Jahrhunderte, Jahrtausende hinein. Es ist Sokrates, der die entscheidenden Sätze spricht: »Denn alle guten epischen Dichter singen ihre schönen Gedichte nicht vermöge bewusster Kunst, sondern als Begeisterte und Verzückte, und ebenso steht es mit den guten lyrischen Dichtern.«[10] Und der Philosoph zieht den Vergleich mit den Mänaden, den verzückten, wild rasenden Begleiterinnen des Dionysos; nur im Zustand solchen Außer-sich-Seins sei Dichten überhaupt möglich. Darauf folgt die wunderbare Stelle:

> Denn ein Dichter ist ein luftiges, leichtbeschwingtes und heiliges Wesen und nicht eher vermögend zu dichten, als bis er in Begeisterung gekommen und außer sich geraten ist und die klare Vernunft nicht mehr in ihm wohnt; solange er aber diese klare Besinnung noch besitzt, ist jeder Mensch unfähig zu dichten und zu weissagen.[11]

Von besonderem Gewicht ist hier die Selbstverständlichkeit, mit der Dichtung und Prophetie, das Wahrsagen, Weissagen, parallel gesetzt werden. Es ist das nur verständlich auf dem Hintergrund der anschließenden Erläuterung über die sakrale Beschaffenheit der außervernünftigen Verfassung, der »frenzy«. Die Dichter sind reine Medien des Gottes, der aus ihnen spricht und der ihnen die Vernunft zuerst stilllegen muss, um sie überhaupt zum göttlichen Sprachrohr machen zu können:

> Deswegen bedient sich der Gott, indem er ihnen die klare Besinnung raubt, ihrer, so wie auch der göttlichen Wahrsager und Seher, als seiner Diener und Werkzeuge, damit wir, die wir sie hören, wissen, dass nicht sie selbst, denen ja ein klares Bewusstsein nicht innewohnt, es sind, welche so Wertvolles zu uns reden, sondern dass der Gott selber es ist, der da redet und durch sie zu uns spricht.[12]

Und schließlich meint Sokrates, es sei gar nicht daran zu zweifeln, »dass die Dichter nichts anderes als Dolmetsche der Götter sind, jeder ein willenloses Werkzeug des Gottes, der in ihm Sitz genommen hat.«[13] So steht es also bei Platon, im Dialog »Ion«, in der ersten großen Rede des Sokrates, die das knappe Hin und Her der vorhergehenden Wechselrede unterbricht.

Das Großartige dieser Stelle ist die klare, fast durchsichtige Gestalt, die sie einem der komplexesten Vorgänge im Bereich der menschlichen Kultur, dem kreativen Akt, gibt. Die zweite Beute erscheint hier als Gabe des Gottes und nichts weiter. Damit ist auch das Ereignis der Vollkommenheit begründet, und dass dem unvollkommenen Wesen das Vollkommene überhaupt entspringen kann. Was passiert aber, wenn sich die Götter aus der Erfahrung der Menschen zurückziehen, wenn sie als nahewohnende Wirklichkeiten verschwinden, zu Allegorien werden und schließlich zu Bildungsplunder? Kann man das platonische Modell des kreativen Aktes beibehalten und einfach den Gott hinter dem Dichter streichen? Etwas muss da doch an seine Stelle treten.

Wenn der Gott verschwindet

Der Vorgang ist bei Shakespeare zu studieren. Hier finden sich alle Elemente des platonischen Modells, aber entschieden ohne den Gott, entschieden ohne die sakrale, die transzendente Dimension. An deren Stelle tritt ein anthropologisches Konzept der Ekstase, das nicht nur die dichterische Kreativität umfasst, sondern eine menschliche Grundverfassung beschreibt, die in drei dominanten Ausprägungen fassbar wird: bei den Verliebten, bei den Wahnsinnigen und bei den Dichtern. Allen gemeinsam ist ein Hirn, das siedet, kocht – »seething brains« –, das aufschäumt und übersiedet und dabei Dinge sieht und erkennt, die die kühle Vernunft nie versteht.

> Lovers and madmen have such seething brains,
> Such shaping fantasies, that apprehend
> More than cool reason ever comprehends.[14]

Und dann werden alle drei, der Verrückte, der Verliebte und der Dichter, zusammengefügt in dem einen berühmten Vers, in dem sie seither dahinfahren wie in einem Kanu, zu farbigen Horizonten oder dem Katarakt und Absturz entgegen:

> The Lunatic, the Lover, and the Poet
> Are of imagination all compact.[15]

Nur aus Einbildungskraft, Phantasie und Träumen bestehen diese drei, heißt das, und sie verwandeln alles, was sie sehen, in etwas, das nur sie sehen. Der Verrückte erblickt überall Teufel, mehr als es davon in der weiten Hölle gibt; dem Verliebten erscheint die Schönheit der Helena in einem Gesicht, vor dem es andern graust; und der Dichter, er – ja, jetzt kommen die wunderbaren Zeilen, in denen die Worte des Sokrates: »Denn ein Dichter ist ein luftiges, leichtbeschwingtes und heiliges Wesen ...« weiterzutönen scheinen und wo nun auch der Ausdruck fällt, den E. A. Poe in sein Gegenmanifest hineinschmuggeln wird:

The Poet's eye, in a fine frenzy rolling,
Doth glance from heaven to earth, from earth to heaven.
And as imagination bodies forth
The forms of things unknown; the Poet's pen
Turns them to shapes, and gives to airy nothing,
A local habitation and a name.[16]

Das heißt in der klassischen deutschen Übersetzung August Wilhelm Schlegels, die hier sehr genau ist:

Des Dichters Aug, in schönem Wahnsinn rollend,
Blitzt auf zum Himmel, blitzt zur Erd hinab,
Und wie die schwangre Phantasie Gebilde
Von unbekannten Dingen ausgebiert,
Gestaltet sie des Dichters Kiel, benennt
Das luftge Nichts und gibt ihm festen Wohnsitz.[17]

Das ist prächtig, und es ist prekär zugleich. Denn was der Dichter zuletzt so fest, gesichert, umrissklar hinstellt, verliert ja dadurch keineswegs seine ursprüngliche Beschaffenheit als eines luftigen Nichts, »airy nothing«. Man zögert, es auszusprechen, aber im Grunde ist dieses luftige Nichts genau das, was einst der Gott, das Wort des Gottes war. Damals aber verkörperte es die Wahrheit schlechthin, denn es fiel zusammen mit der Prophetie, dem Wahr-Sagen im doppelten Sinn.

Hinter der ganzen Rede, die Theseus hier hält, am Anfang des fünften Akts des »Sommernachtstraums«, steht ein Gemisch von Bewunderung und Verdacht. Es ist nicht der Verdacht Poes, dass der Dichter Ekstasen vorgaukle, die er gar nicht habe, sondern es ist der Verdacht, der sich gerade aus der unbezweifelten Ekstase ergibt. Diese stammt von keinem Gott mehr, und sie steht quer zur Vernunft: Ist sie denn also überhaupt zu retten? Ist sie, und was sie hervorbringt, nicht lauter Schall und Rauch? Ist sie nicht bloß farbiger Dunst, Luft eben, ein Nichts aus Luft? Luxus und Lüge?

Hippolyta, zu der Theseus hier spricht, wittert diese radikal destruktive Folgerung, und begegnet ihr zwar nicht mit einer Gegenbehauptung, aber doch mit einem Signal, das die nihilistische Perspektive bricht. Auch wenn sie dabei vordergründig auf die Zaubereien der eben vergangenen Nacht anspielt, ist der von Theseus geäußerte Verdacht gegen die Dichtung doch mitgemeint in ihrem Bekenntnis: Man kann dies alles nicht auf ein leeres Spiel der Einbildungen zurückführen, denn am Ende wird daraus – und nun folgt eine merkwürdige Wendung – etwas von großer Festigkeit, von Zusammenhalt und Dauer, das gleichwohl seltsam ist, aber wunderbar, bewundernswert: »something of great constancy, but howsoever, strange, and admirable.«[18]

Blitzt hier, im Wort »constancy«, nicht für einen Moment jener Sieg über die sichelnde Zeit und den säbelnden Tod auf, dessen sich der Dichter Shakespeare in den Sonetten so ohne Rückhalt rühmt?

Und auch die Theseus-Rede selbst braucht nicht nur auf den Verdacht allein hin gelesen zu werden, den sie transportiert. Sie transportiert nämlich mehr. Das anthropologische Konzept der geheimen Identität von Wahnsinn, Liebe und Dichtung kann zwar als rhetorische Strategie zur Entwertung sowohl der Dichtung als auch der Liebe verstanden werden, und im Kontext der Handlung, im Kontext der Figur Theseus ist es das wohl auch. Aber ein Satz in einem literarischen Werk steht immer in mehr als einem Kontext. Was Strategie der Entwertung ist, läuft, umgekehrt gesehen, mit ebenso zwingender Logik, auf eine Aufwertung hinaus. Diese aber ist im vorliegenden Fall, als Denkleistung, bis heute sensationell und bis heute von den Wissenschaften nicht eingeholt.

Wenn Liebe, Dichtung und Wahn *eine* Dimension der menschlichen Existenz sind, zusammengehörig, vernetzt, ineinander verwachsen, dann wird dadurch nicht die Liebe herabgesetzt und die Dichtung entwertet, sondern der Wahn gewinnt eine Würde, die ihm bisher noch niemand zugestehen wollte. Der Wahn ist nicht nur Defizit, er ist eine der großen Chancen des Daseins. Er ist nicht mehr bloß die Negation der Vernunft, eine Verfassung des Mangels, eine Krankheit, ein Übel, eine Strafe Gottes, sondern er reicht über die Grenzen der Vernunft hinaus, ist dort noch mächtig, wo sie versagt, und vermag ihr Scheitern zu kompensieren. Auch die Liebe schrumpft ja ein vor dem Richterstuhl der Vernunft und wird unter ihren kalten Augen zu einem etwas merkwürdigen Bestandteil der Fortpflanzungsaktivität, biologisch nicht unbedingt nötig, aber vielleicht doch nützlich zur Erhaltung der genetischen Vielfalt. Dieser Unfähigkeit der Vernunft, die Wahrheit der Liebe zu begreifen, entspricht die Unfähigkeit der Vernunft, die Wahrheit der Dichtung zu begreifen. »Airy nothing« sagt die Vernunft zu dem, was die Menschen seit je, seit es Zeugnisse über die Menschen gibt, als »something of great constancy« erfahren haben.

Es ist die säkulare Leistung dieser Shakespeare-Szene, aus der beginnenden Krise der heilsgeschichtlichen Weltdeutung heraus die theologisch-sakralen Kunst- und Kreativitätstheorien durch den Umriss einer kühnen Anthropologie ersetzt zu haben, einer Anthropologie, die auch noch über die Konzepte des späten 20. und frühen 21. Jahrhunderts hinausweist. Von der Dichtung darf nicht gesprochen werden, ohne von der Liebe zu reden, vom Wahn nicht, ohne die Dichtung mit zu nennen, und wer Liebe sagt, muss nun stets auch die schöpferische Gewalt der Poesie darin erkennen und jene Kräfte des Gemüts, jene Tätigkeiten des Gehirns, welche die Kontrollbereiche der Vernunft stürmisch überschreiten.

Horaz solidarisiert sich mit E. A. Poe

Und Poe? Was ist jetzt mit ihm? Ist er einfach der Philister, der nicht sehen kann und will, was ein Shakespeare, ein Platon, ein Rilke gesehen und erlebt haben? Poe ist zu groß als Autor, als dass man ihm so begegnen könnte. So wie er *in* seinem Text die kühle Berechnung feiert, ist dieser Text selbst eine berechnete Aktion gegen ein zum Klischee verkommenes Konzept. Wie Einatmen und Ausatmen, wie Systole und Diastole, das abwechselnde Zusammenziehen und Ausdehnen des Herzmuskels, bewegt sich die jahrtausendealte Reflexion über den Ursprung der Gedichte immerzu von der Position der ekstatischen Plötzlichkeit und des Götterbesuchs zur Position der langen, harten, nüchternen Arbeit am Text. Es ist dies eine doppelte Wahrheit, die nicht im Entwurf eines Mittelwegs zwischen Inspiration und Handwerk zur Versöhnung gebracht werden kann. Das Bedeutende an Poes Text ist gerade die kompromisslose Einseitigkeit, mit der er allen Irrationalismus verdammt und vertreibt.

Im großen Überblick bezieht Poe damit jene Stellung, die einst Horaz in seiner berühmten »Ars Poetica« eingenommen hat. Auch bei Horaz ist die Arbeit des Dichters die eines wachen, kühlen Kopfs, der alle Fehler kennt, die man machen kann, und sich darauf konzentriert, sie zu vermeiden. So ist die folgende Stelle, in Wielands Übersetzung, aufschlussreich weniger im Detail als in der als selbstverständlich vorausgesetzten Grundverfassung des richtigen Dichters. Alles ist Bewusstsein, Ordnung, Planung und Übersicht:

> Ihr, die ihr schreiben wollt, vor allen Dingen
> wählt einen Stoff, dem ihr gewachsen seid,
> und wäget wohl vorher, was eure Schultern
> vermögen oder nicht, eh ihr die Last
> zu tragen übernehmt. Wer seinen Stoff
> so wählte, dem wird's an Gedanken
> und Klarheit nie, auch nie an Ordnung fehlen;
> und unter manchem Vorteil, der durch Ordnung
> gewonnen wird, ist sicher keiner von
> den kleinsten: dass man immer wisse, was
> zu sagen ist, doch vieles, was sich auch
> noch sagen ließe, jetzt zurückbehalte,
> und für den Platz, wo man's bedarf, verspare.[19]

Für diesen Vorgang, den der alte Römer fordert, gibt es kein schlagenderes Beispiel als die seitenlange Deskription Poes über die Planung und Konstruktion seines eigenen Gedichts – das doch zuletzt dastehen wird als Inbegriff eines geisterhaft unfasslichen Werks. Und genau wie Poe geht auch Horaz gegen das Klischee vom Verrücktheitszwang der Dichter vor, in einer Passage, die wunderschön das Bild einer Boheme aus dem 1. Jahrhundert v. Chr. vor unsere Augen rückt und die Selbstinszenierung der römischen Halbtalente zu genial vergammelten Poètes maudits schildert. Er geht aus von einer These Demokrits, die bei Cicero überliefert wird, wonach Dichter, die nicht rasen – »frenzy« also einmal mehr! –, auf dem Pindus, dem Berg Apollos und der Musen, nichts zu suchen hätten:

> Weil Demokrit dem glücklichen Genie
> den Vorzug vor der armen Kunst gegeben,
> und schlechterdings die Dichter, die nicht rasen,
> vom Pindus ausgeschlossen haben will:
> so treibt's ein guter Teil der unsrigen
> so weit, sich weder Bart noch Nägel stutzen
> zu lassen, weder Kamm noch Schwamm
> zu dulden, Bäder wie verdächtge Häuser
> zu fliehen, und, Gespenstern gleich, in öden
> von Menschen unbetretnen Gegenden
> herumzuirren.[20]

Die Stelle ist großartig nicht wegen der Polemik, die sie enthält, sondern weil sie die Konstanz zeigt, mit der sich eine bestimmte Ästhetik mit einer bestimmten öffentlichen Selbstinszenierung verbindet. Geniekult gab es offensichtlich auch im alten Rom, nicht erst im deutschen Sturm und Drang, und an die zweitausend Jahre vor Rousseau schon haben sich die selbstberauschten Künstler in die Natur geworfen, haben sich zu zottig verwucherten Wesen gemacht, um dadurch der rasierten und gekämmten Welt zu beweisen, dass sie, und nur sie, Künstler seien. Der große Baal, der asoziale, die entsprechende Modellfigur des jungen Bertolt Brecht, hat offensichtlich eine lange Ahnenreihe und sprach vor Zeiten auch lateinisch.

Der Gegensatz zur Entstehung des Gedichts als Ereignis eines »rätselhaftesten Diktats«, wie Rilke es nennt, ist das umständliche Feilen und Verbessern, die Knochenarbeit an Attributen und Reimen und Jamben. Konsequenterweise legt denn auch Horaz genau darauf ein großes Gewicht. Er meint sogar, die römische Literatur seiner Zeit könnte das Vorbild der griechischen ohne Weiteres erreichen, ja übertreffen, wenn sich die Dichter nur nicht zu gut wären, über lange Zeit hin an ihren Texten zu schleifen und zu polieren. Die lateinische Literatur würde

über Griechenland
den Rang behaupten, wenn nicht unsre Dichter
der Feile Arbeit hassten, und die Zeit,
die drüber hingeht, für verloren hielten.[21]

Das berührt nun schon fast das Philiströse. Ist denn je ein gutes Gedicht nur durch den Fleiß und das stundenlange, tagelange Sprachtüfteln und Wörtleintauschen entstanden? Meint Horaz das wirklich, er, der selbst einer der mächtigsten Versemacher ist? Er meint es zweifellos, hier, an dieser Stelle, aber der gleiche Horaz lässt an anderer Stelle, in der 25. Ode des 3. Buches, das genaue Gegenteil verlauten, in nachhallenden Versen: Da redet er von sich selbst als einem Gottberauschten, von Dionysos Erfüllten, der, mit Rebenlaub bekränzt, durch die Wildnis und den Ufern der Bäche entlangschweift, singend, wie noch keiner gesungen hat. Und er beschwört dabei wahrhaftig die Mänaden, die tobenden Begleiterinnen des Dionysos, beruft sich auf sie, wie Sokrates es getan hat, als er sein Inspirationsmodell entwarf. Und in der 4. Ode des 3. Buches fällt beim gleichen Horaz sogar das Wort von der *amabilis insania*[22], dem lieblichen Wahnsinn, der reizvollen Verrücktheit – ist das nicht genau Shakespeares *fine frenzy*? Und darf nicht angenommen werden, dass zwischen der Formulierung des Horaz und jener Shakespeares eine Verbindung besteht, dass diese nicht ohne jene zustande gekommen sein kann? So dass also Poe, der gegen die »fine frenzy« vorgeht und dabei zum Kollegen des Verfassers der Ars Poetica wird, das negative

Reizwort vom gleichen Kollegen bezogen hat, Kollegen und Opponenten zugleich.

Was soll hier aber die philologische Spurensuche? Sie soll zeigen, wie unbestreitbar Systole und Diastole, der Pendelschlag hin und her, die ästhetische Theorie von der Entstehung des vollkommenen Gedichts bestimmen. Sobald behauptet und bewiesen wird, dass das schöne Gebilde aus der Ekstase stammt und anderswoher gar nicht stammen kann, muss im Gegenzug bewiesen werden, dass es nichts anderes ist als das Produkt von Fleiß und solider Planung, dass ohne diese nur Pfusch zustande kommt. Inspiration und Transpiration – es gibt einen alten, vielfach abgewandelten Witz, der die Arbeit der Dichter mit diesen zwei Begriffen erfasst und als Pointe das prozentuale Verhältnis der beiden Faktoren in der kreativen Arbeit feststellt: »90 Prozent Transpiration, 10 Prozent Inspiration«. Woher der Witz auch stammt und ob er im Einzelfall besser oder dümmlicher erzählt wird, er beweist als solcher und durch die zwei sich munter reimenden Termini die chronische Provokation der Sache. So wie die Jagd nach dem Vollkommenen ein bleibendes anthropologisches Faktum ist, bildet das Paradox, dass das unvollkommene Wesen Mensch das Vollkommene hervorbringen kann, ein bleibendes Problem jeder Anthropologie. Das Vollkommene kann nur Geschenk sein, sagen die einen. Das Vollkommene kann nur aus der strengen Arbeit stammen, sagen die andern. Und sobald das eine ausgesprochen ist, muss jemand auftreten, der das Gegenteil behauptet.

III. Ernüchterung

Die zerschmetterte Laute

Der kunsttheoretische Konsens der jüngeren Gegenwart ist stolz auf seinen Verdacht gegen das Gedicht und bildet sich einiges ein auf die Leistung, die Kategorie des Schönen aus dem ästhetischen Diskurs vertrieben zu haben. Man kommt sich dabei besser vor. Seltsamerweise ist man der Meinung, durch die Negierung der Tatsache, dass das Gedicht vollkommen sein will und der Mensch von Natur aus die Vollkommenheit sucht wie das Essen und das Trinken und die Liebe, das moralische Gesamtniveau der Gesellschaft zu heben. Dabei ist der Bildersturm gegen das schöne Gedicht uralt und am wenigsten eine Erfindung des 20. Jahrhunderts oder gar das Ergebnis erst des geflügelten Adorno-Wortes über die Gedichte nach Auschwitz[1].

Schon zur Dichtung des Barock gehört wesentlich der Akt des radikalen Abschieds von der Dichtung, versinnlicht immer wieder im demonstrativen Zerschmettern der Laute durch den Dichter selbst. »Cantatum satis est, frangito barbiton!« soll der Sänger Jacob Balde ausgerufen haben, plötzlich, mitten in der Nacht, nach einem vergeblichen Ständchen vor dem Haus einer hübschen Bäckerstochter, und er zerschlug sein Instrument an der Hausecke.[2] Nicht aus enttäuschter Liebe geschah dies, sondern aus der plötzlichen Einsicht in die Vanitas, die Eitelkeit, die Lüge und den Luxus der Dichtung: »Genug gesungen jetzt, in Trümmer mit der Laute!« Und Laurentius von Schnüffis, sein Zeitgenosse, schrieb ein langes Gedicht über den Akt der eigenhändigen Zerstörung seines »Lauthen-Spils«. Es schließt mit den Versen: »So geh zu trümmern dann / Du lieblicher Tyrann«.

Was soll zu meinem Zihl
Nunmehr das Lauthen-Spil?
Ihr Saithen zerspringet /
Die immer geklinget
anmüthig / und schön:
Ich fühle / im Hertzen
Bekümmert / nur Schmertzen
Von Eitlem gethön:
Die Stille soll allein
Nun mein Ergetzung seyn.

[...]
Der süsse Lauten-Klang
Braucht wunderlichen Zwang:
Obsiget mit schertzen:
Bezaubert die Hertzen
Mit lieblichem Gifft:
Die Saithen offt haben
Die Hertzen durch graben /
Und Böses gestifft:
Die süsse Saithen seynd
Gar arge Seelen-Feind.

Wo man die Saithen rührt /
Die Lieb den Rayen führt:
Die Saithen seynd Pfeile /
So nächtlicher weile
Scharpf treffen ihr Zihl:
Wie manches Gewissen /
Von Liebe zerrissen /
Verfluchet das Spihl:
So geh zu trümmern dann /
Du lieblicher Tyrann.[3]

Natürlich bleibt hier der grundlegende Widerspruch bestehen, dass auch über das Ende des Dichtens und das Zerschmettern des Saitenspiels noch in Form des Gedichts gesprochen und mit instrumentaler Begleitung gesungen wird. Auch Jacob Balde wurde erst nach seinem dramatischen Akt zum ganz großen spätlateinischen Dichter. Die Verwerfung der Lyrik durch die Lyriker selbst, die nach der Verwerfung erfrischt und verjüngt weiterdichten, ist ein Element der Selbstreflexion der Kunst und gehört als solches in regelmäßiger Wiederkehr zu ihrer Praxis. Und bei Schnüffis kann man studieren, dass der Vorwurf der Unsittlichkeit, der moralische Verdacht also dem Gedicht gegenüber, keineswegs nur von Spießern und grimmigen Kulturkritikern geäußert wird. Die Schönheit des Gedichts kann Gift sein und die Herzen vergiften wie die Liebe. In der letzten Strophe setzt Schnüffis ganz klar das alte erotische Bild vom Liebespfeil gleich mit der Wirkung des Gesangs. Die Pfeile der Saiten treffen ihr Ziel, und die Wunde, die sie schlagen, ist zugleich die der Liebe. Die Musik ist das Vehikel der Liebe, »food of love«, »Nahrung der Liebe«, wie es im ersten Vers von Shakespeares *Was ihr wollt* heißt. Es gibt für beide nur einen Pfeil und eine Wunde. Das kehrt dann eines Tages wieder bei Eichendorff, wo der Sänger im Gedicht »Verlorene Liebe« die Laute zerstört, als ihm das Herz bricht:

Spät von dem verlor'nen Kinde
Kam ich durch die Nacht daher,
Fahnen drehten sich im Winde,
Alle Gassen waren leer.
Oben lag noch meine Laute
Und mein Fenster stand noch auf,
Aus dem stillen Grunde graute
Wunderbar die Stadt herauf.

Draußen aber blitzt's von weiten,
Alter Zeiten ich gedacht',
Schaudernd reiß ich in die Saiten
Und ich sing die halbe Nacht.
Die verschlafnen Nachbarn sprechen,
Dass ich nächtlich trunken sei –
O du mein Gott! und mir brechen
Herz und Saitenspiel entzwei! –[4]

Das Zerstören oder Wegschleudern des Instruments taucht also auch in der Romantik auf. Es kann dort mit der Verzweiflung darüber verbunden sein, dass die letzte, die geträumte Vollkommenheit, die absolute Kunst, mit handwerklicher Technik nicht zu erreichen ist – so etwa beim Kapellmeister Kreisler in Hoffmanns Roman *Kater Murr*. Dann wieder verbindet es sich mit der quälenden Not, dass es unmöglich ist, bei einem tatsächlich vollkommenen Instrument das Geheimnis des Wohlklangs zu ergründen und nachzukonstruieren – so in der Novelle vom Rat Krespel, ebenfalls bei Hoffmann. Größe und Tragik der Romantik bestehen ja darin, dass diese Epoche mit der Zweiten Beute so Ernst gemacht hat wie keine zuvor, dass sie die Vollkommenheit in einer Unbedingtheit erreichen wollte, wie es zuletzt eben doch nicht möglich ist, und darüber das Erreichbare zu verachten begann. Auch Kleists Aufsatz »Über das Marionettentheater« bewegt sich im Feld solcher Überlegungen. Und wie Hoffmanns Krespel-Novelle erkennt auch dieser Aufsatz eine unheimliche Verwandtschaft zwischen dem Instrument der Kunst und dem lebendigen Körper des Künstlers. Die Unvollkommenheit des Instruments angesichts der geahnten absoluten Vollkommenheit radikalisiert sich bei Hoffmann wie bei Kleist zur Denunziation des menschlichen Körpers als eines für die letzte Schönheit untauglichen Gebildes. Womit dann der Gestus des Zerschlagens der Laute in die gefährlichste Nähe zum Vernichten der eigenen Existenz, zum Suizid, gerät. Kleists Tod kann auch in diesem Zusammenhang gesehen werden.

Prosa ist ehrlicher!

Anders ist es bei Heine. Das Verdikt dieses Dichters über die Gedichte ist in der zweiten Hälfte des 20. Jahrhunderts so innig und zustimmend vernommen worden wie keine andere Form des Verdachts gegenüber der Lyrik. Denn Heines Misstrauen deckt sich nahezu vollständig mit dem Misstrauen jener Jahrzehnte, die ihre ästhetische Reflexion unter das Stichwort der »nicht mehr schönen Künste« stellten. Die Formulierungen Heines sind weithin zu Selbstverständlichkeiten geworden; sein theoretischer Positionsbezug steht ohne Zweifel auch hinter dem berühmten Diktum Adornos. Es geht hier nicht darum, die Wege, auf denen Heine zu seiner grundsätzlichen Verwerfung des Gedichts kam, nachzuzeichnen; das ist bis zum Überdruss geschehen. Ebenso wenig geht es darum, Heine vorzuhalten, er habe sich ja selbst nicht an seine Maximen gehalten. Das hat er immer zugegeben und als Erster eingestanden. Wichtig ist nur die übereindeutige Weise, in der er den Verdacht formuliert, weil erst dadurch ganz verständlich wird, warum sich das Gedicht in der hochbürgerlichen Ära, das spezifisch vormoderne Gedicht also, immerzu und demonstrativ durch seine moralische Qualität und seinen pädagogischen Nutzen rechtfertigen musste.

Mit Heine konstituiert sich der gleichzeitig formale und ethische Gegensatz: Prosa ist ehrlich, Verse sind verlogen. Das ist eine von Heines vielen Zweiteilungen, ein binäres System, wie er es nicht zuletzt aus polemischen Gründen liebte: Deutschland vs. Frankreich; Philosophie vs. Politik; Spiritualismus vs. Hellenismus; Aristokratismus vs. Revolution etc. Erst die Krassheit dieser Oppositionen ermöglichte ihm das schleudernde Spiel ihrer Relativierungen. Aber krass formuliert muss die Sache zunächst einmal sein. Und da ist die wohl berühmteste Stelle, was Wahrheit und Lüge im ästhetischen Sinn betrifft, der erste Abschnitt der Vorrede zum *Buch der Lieder* von 1837. Hier tut er so, als könne er das erfolgreichste seiner Bücher nur noch als Dokument einer vergangenen Epoche betrachten. Wie weit dies zutrifft und wie weit es ganz und gar nicht zutrifft, steht hier nicht zur Diskussion. Entscheidend ist das Faktum des folgenden Textes:

> Diese neue Ausgabe des Buchs der Lieder kann ich dem überrheinischen Publikum nicht zuschicken, ohne sie mit freundlichen Grüßen in ehrlichster Prosa zu begleiten. Ich weiß nicht, welches wunderliche Gefühl mich davon abhält, dergleichen Vorworte, wie es bei Gedichtesammlungen üblich ist, in schönen Rhythmen zu versifizieren. Seit einiger Zeit sträubt sich in mir etwas gegen alle gebundene Rede, und wie ich höre, regt sich bei manchen Zeitgenossen eine ähnliche Abneigung. Es will mich bedünken, als sei in schönen Versen allzuviel gelogen worden, und die Wahrheit scheue sich in metrischen Gewanden zu erscheinen.[5]

Das ist nun wahrhaftig unheimlich deutlich. Und es ist verführerisch für alle besorgten Menschen, die von Kunst nicht ganz so viel verstehen wie von dem, was sittlich und politisch richtig ist. Diese sind heute noch weit mehr als zu Heines Zeiten hingerissen von dem kleinen Manifest. Und wenn Heine eigentlich nur sagt, dass man in schönen Versen lügen *könne*, wird daraus rasch und gern der Schluss gezogen, dass, wer schöne Verse schreibt, auch schon tatsächlich lügt. Einen Wink in diese Richtung gibt Heine allerdings mit seinem letzten Satz: Da spielt er auf die alte Praxis an, die Wahrheit als nackte Frauengestalt abzubilden, die Nacktheit also zum Insigne der Wahrheit überhaupt zu erklären. Und wenn er dabei alle Verse als »Gewand« bezeichnet, rückt er sie so tatsächlich in die Nähe eines naturhaften Lügens.

Man versteht diese Stelle und ihre Bedeutung für das öffentliche Nachdenken über Kunst nur dann ganz, wenn man sich überlegt, was denn eigentlich die Gegenposition zu der von Heine skizzierten wäre. Die Gegenposition würde lauten: Wenn Verse schön sind, sind sie auch wahr. Ihre Schönheit ist ihre Rechtfertigung in jeder Hinsicht, philosophisch wie moralisch. Man könnte, vereinfachend, Schiller auf dieses ästhetische Axiom festlegen. Für ihn ist Schönheit die Begegnung der Sinne mit der Wahrheit. Was wahr ist, kann ich zwar denken; erleben mit meinem ganzen lebendigen Leib kann ich das Wahre nur als Schönheit. Schönheit, die lügt, ist also ein Widerspruch in sich. Als gelogen ist Schönheit schon nicht mehr schön, ist vielmehr hässlich auf eine vielleicht nicht unmittelbar einleuchtende Art. So hat Schiller, apodiktisch nicht minder als Heine, den armen großen Gottfried August Bürger öffentlich vernichtet, indem er die eigene Ästhetik ins Individualpsychologische radikalisierte und die Mängel, die er an Bürgers Gedichten festzustellen glaubte, von Bürgers zweifelhafter Lebensführung herleitete. In der Mitte von Schillers Rezension, von der sich der Verfasser der »Lenore« und des »Münchhausen« nie mehr erholen sollte, steht das vielumstrittene Axiom, dass nur eine menschlich hochstehende Person künstlerisch hochstehende Werke schaffen könne. Im Klartext heißt das: Ein schlechter Mensch kann kein guter Dichter sein. Und Schiller zögerte nicht, dem einst hochgeschätzten Kollegen vor aller Welt nahezulegen, »sich selbst zu vollenden, um etwas Vollendetes zu leisten«.[6]

Übrigens ist auch Heines Positionsbezug gegen die Verlogenheit der schönen Verse kein welthistorischer Erkenntnisdurchbruch. Seit dem berüchtigten 10. Buch von Platons *Politeia*, das alle Dichter aus dem idealen Staat verbannen wollte, weil sie statt der Wahrheit, die hinter der Schattenwelt der Dinge liegt, nur noch viel schattenhaftere Schatten dieser Schatten liefern und die höchste menschliche Seelenkraft, die Vernunft, an die niedere Sinnlichkeit knüpfen, bleibt dieser Verdacht ein Kehrreim der ästhetischen Reflexion auch innerhalb der Literatur selbst. Aufschlussreich ist etwa im späten Mittelalter eine Stelle aus dem berühmten Streitgespräch zwischen dem Tod und einem Bauern, *Der Ackermann aus Böhmen* von Johannes von Saaz, geschrieben um 1400. Der Mensch beschimpft den Tod in wilden Ausbrüchen. Der Tod setzt zu seiner Verteidigung an, und als Begründung, warum er sich der Debatte überhaupt stelle, erklärt er: »Dein klag ist on reimen und on done, davon wir brufen, du wellest durch dones und reimens willen deinn sinn nit entwerken.«[7] Des Ackermanns Klage, heißt das, komme ohne Reime und Töne (Metrum, Melodien) daher; daraus sei zu schließen, dass der Kläger seine ehrliche Meinung nicht durch Reime und Melodien entstellen wolle. Was wohl mehr oder minder auf eine Gleichsetzung von Vers und Lüge hinausläuft.

IV. Epochenmoral

Die Flucht vor dem Verdacht

Das bürgerliche 19. Jahrhundert, zu dessen obersten literarischen Kultgegenständen Schillers »Glocke« und Heines *Buch der Lieder* gehörten, verstand es, aus den zwei gegensätzlichen Prinzipien: *Was schön ist, ist der Lüge verdächtig* (Heine), und: *Was schön ist, kann gar nicht gelogen sein* (Schiller), ein einziges zu machen: *Was schön ist, muss moralisch einwandfrei sein.* Das heißt, auf die Lyrik bezogen: Ein Gedicht soll sich selbst als sittliche Aktion zu erkennen geben. Nur so entgeht es dem Verdacht. Und damit entwickelt sich im späteren 19. Jahrhundert nicht nur eine Lyrik, die ihre moralische Pointe unweigerlich mit sich führt und jedermann zu erkennen gibt, sondern die Lyrik insgesamt entwickelt sich zu einer Kunst, in der der Tugendkatalog und die Regeln des bürgerlichen Lebens so rein abgebildet erscheinen, dass sie wie eine zweite Bibel die Menschen von der Geburt bis zum Tod begleitet und jeden Lebensmoment mit passenden Zeilen versieht. Nie zuvor und seither nie mehr wurden Gedichte so geliebt und gebraucht von allen Schichten der Gesellschaft. Nie mehr wurden sie so leidenschaftlich abgeschrieben und auswendig gelernt. Nie mehr hat sich die ganze Gesellschaft so unzweideutig in ihrer Lyrik erkannt, hat mit ihrer Hilfe täglich über sich und das Leben nachgedacht. Es gibt nun keinen Augenblick im bürgerlichen Lebensgang, für den sich nicht das passende Gedicht fände, und kein Gedicht darf auf Anerkennung rechnen, wenn es sich nicht auf einen exemplarischen Augenblick im bürgerlichen Lebensgang beziehen lässt.

Diese Ästhetik mag vorgestrig und veraltet anmuten, Tatsache ist, dass sich erst auf ihrem Hintergrund, erst in Abkehr von ihr das moderne Gedicht zu konstituieren vermochte.

Und was immer wir bis heute als moderne Lyrik bezeichnen, lebt untergründig von der Spannung zu jenem vorgestrigen Modell.

Ein Beispiel. Ein Gedicht, das wohl für Tausende aus dem 19. Jahrhundert stehen darf. Es hat den Ton seiner Zeit getroffen. Es ist dem Wunsch seiner Zeit entgegengekommen. Es verkörpert, was vom vormodernen Gedicht gefordert, was am vormodernen Gedicht erlebt und geliebt wurde. Und es ist schwer erträglich. Also, wird man sagen dürfen, liegt ein interessanter Fall vor. Theodor Storm:

Dämmerstunde

Im Nebenzimmer saßen ich und du;
Die Abendsonne fiel durch die Gardinen;
Die fleißigen Hände fügten sich der Ruh,
Von rotem Licht war deine Stirn beschienen.

Wir schwiegen beid; ich wußte mir kein Wort,
Das in der Stunde Zauber mochte taugen;
Nur nebenan die Alten schwatzten fort –
Du sahst mich an mit deinen Märchenaugen.[1]

Ein Gedicht, das nie mehr zum Leben zu erwecken sein wird. Nie mehr wird es heftige, unmittelbare Erfahrung, Rührung, Glück auslösen. Obwohl es gut, obwohl es ausgezeichnet gemacht ist, perfekt gefertigt. Und stimmungsstark ist es auch. Und unfreiwillig komisch. Aber dies ist es erst für uns, heute, am Ende des ihm folgenden Jahrhunderts. Wer trägt die Schuld, der Text oder wir?

Die Verse werden hier zitiert, weil das Gedicht als moralisches Ereignis zur Diskussion steht. Behauptet wurde, die vormoderne Lyrik sei dadurch gekennzeichnet, dass sie die Sittlichkeit der bürgerlichen Epoche transportiere und in solchem Transport ihren Sinn und Zweck finde. Was heißt das hier? Woran erkennt man das in diesem Fall?

Storms Text erschließt sich, sobald man beobachtet, wie er mit Raum und Zeit operiert. Er setzt einen Ort und einen Augenblick. Um nichts bemüht er sich mehr, als diesen Ort und diesen Augenblick nicht nur zu setzen, sondern beide wiederum einzufügen in größere Ordnungen von Raum und Zeit. Schon der Titel bestimmt eine Tageszeit, und die erste Aussage benennt einen Ort im Haus. Die Ordnung des Tages und die Ordnung des Hauses überlagern und durchdringen sich. Von den wenigen Angaben her ist das Ganze dieses Hauses rekonstruierbar. Es handelt sich um ein Bürgerhaus, in dem mehrere Generationen wohnen. Erwähnt werden die Alten, die Großvatergeneration also, und die junge heiratsfähige Frau. Die Elterngeneration braucht nicht erwähnt zu werden, sie lässt sich extrapolieren. Jedes Zimmer im Haus hat seine Funktion. Das Gedicht selbst spielt im »Nebenzimmer«, einem wohlausgestatteten Raum, durch lange Gardinen gegen das grelle Licht geschützt. An grellem Licht arbeiten nur einfache Leute. Hier ist der Ort reinlicher weiblicher Handarbeit; hier regen sich die »fleißigen Hände«.

Von diesen Händen aus wird die Ordnung der Zeit präzisiert. Das Gedicht spielt im Moment, da die Arbeit des Tages zu Ende geht, zu Ende gehen darf. Die Sonne ist gesunken, rot geworden: Es ist Feierabend. Ein kostbarer Moment. Man war fleißig am Werk, darf mit sich zufrieden sein, und es dauert noch ein Weilchen bis zum Nachtmahl, wenn die ganze Familie im hiefür vorgesehenen Raum zusammenkommt. Aus der präzisen Definition der einen Stunde erschließt sich die Ordnung des ganzen Tages, aus der präzisen Definition des einen Zimmers erschließt sich die Ordnung des ganzen Hauses. Das Liebespaar aber steht, durchaus parallel, in der ebenso genau geregelten Ordnung des Liebeslebens. Die beiden sind verlobt, sonst dürften sie sich nämlich nicht allein im Nebenzimmer aufhalten. Dabei bleiben sie immer noch in Hördistanz zu den andern, den Alten. Diese muss man im Gedicht schwatzen hören, damit die Hördistanz festgestellt und das Alleinsein des unverheirateten Paars sittlich zulässig ist.

Eine weitere Zeitachse wird dadurch gelegt, dass das Gedicht im Präteritum steht. Der Mann ist das sprechende Ich, und er sagt, wie es damals war. Heute, muss man annehmen, sind die beiden verheiratet. Auch die Liebe erscheint so in klare Zeitabschnitte eingeteilt; dieser hier markiert, als erinnerter, die Seligkeit der Brautzeit. In der Ehe spricht man dann nicht mehr ohne Weiteres von Märchenaugen. Die Phasen der Liebe, die als Ordnungsgefüge erscheinen, evozieren die Phasen des ganzen Lebens, in welches die Liebeszeiten eingefügt sind, und die sich ausprägen als Generationenfolge. Mit den Phasen des Lebens korrespondieren wiederum die Phasen des einzelnen Tages, die alle ihren Namen und ihren Zweck haben, genau wie die Zimmer im großen Haus. Und man darf daraus weiterschließen auf die Phasen des Jahres und deren Analogie zum Gang des Tages wie auch zum Gang der Liebe wie auch zum Gang des Lebens.

Von Sittlichkeit durchtränkt ist dieses Gedicht also nicht deshalb, weil es unausgesprochen festhält, dass in der Zeit der Verlobung zwar tiefe Blicke in Märchenaugen, aber keine weitergehenden erotischen Tathandlungen vorgesehen sind. Dies gehört zwar zur immanenten Moral, aber es ist von geringerem Gewicht gegenüber dem mächtigen Manifest einer alles umfassenden, alles durchdringenden Ordnung von Zeit und Raum und Menschenleben. Das Glück dieser Dämmerstunde, das der junge Mann genießt und die junge Frau wohl auch – aber ihre Erfahrung steht nicht zur Diskussion –, dieses Glück ist der Lohn für die Anerkennung der großen Ordnung. Das

Gedicht kann und darf nur schön sein in der Funktion solchen Bekennens. Denn nur so ist jeder mögliche Verdacht gegen seine Schönheit von Anfang an ausgeräumt. Nur so ist das Gedicht nicht Luxus, sondern nützlich, nicht Lüge, sondern wahr, und der Nutzen ist die Beförderung der Wahrheit.

Fast ist man versucht zu sagen, das Gedicht sei selbst eingesperrt hinter den Gardinen.

Der Ordnungswahn des vormodernen Gedichts

Es kann nun durchaus spannend sein zu verfolgen, mit welcher Konsequenz dieses System des vormodernen Gedichts variiert und abgewandelt wird. Ein so reizender kleiner Text wie der folgende, wiederum von Storm, mag es bestätigen:

Juli

Klingt im Wind ein Wiegenlied,
Sonne warm herniedersieht,
Seine Ähren senkt das Korn,
Rote Beere schwillt am Dorn,
Schwer von Segen ist die Flur –
Junge Frau, was sinnst du nur?[2]

Der letzte Vers inszeniert ein hübsches Spiel mit dem Leser. Frage: Was sinnt die junge Frau? Vom Gang des Textes aus gibt es nur eine Antwort: Sie ist schwanger; sie denkt an ihr eigenes wachsendes Kind im Schoß. Da von nichts anderem die Rede ist als von Wachstum, da die ganze Natur Früchte trägt und Früchte reifen lässt und die junge Frau sich wie ein Teil von ihr in ihrer Mitte befindet, bleibt kein anderer Schluss übrig. Das liebenswürdige kleine Werk soll hier nicht um seinen Charme gebracht werden, aber aufschlussreich ist der Vorgang schon. Denn die Logik, zu der die sechs Zeilen den Leser zwingen, ist an sich absurd: Mag das Korn immer im Juli reif werden und mögen die Beeren um die gleiche Zeit überall anschwellen, für die Frauen ist deswegen keineswegs der Juli die Zeit der hohen Schwangerschaft. Schließlich werden Menschenkinder auch nicht nur im Oktober gezeugt.

Die eigentliche Pointe des Gedichts liegt indessen nicht in seiner biologischen Anspielung, sondern im Verweis auf die große Ordnung, der damit verbunden ist, auf jene Ordnung, von der auch die »Dämmerstunde« zu berichten wusste. Auch diesmal wird mit dem Titel eine Zeitangabe gesetzt. Auch hier wird dieser Zeitpunkt sogleich definiert als Teil einer Zeitenfolge, die nicht nur das Jahr gliedert, sondern, und das ist der entscheidende Punkt, als naturhaftes System das ganze menschliche Leben strukturiert. Wie die »Dämmerstunde« exemplarisch von der Brautzeit redete, redet »Juli« exemplarisch von der jungen Mutterschaft. Beide Gedichte finden ihre Mitte im Verweis auf die Gesetzmäßigkeit sowohl des Menschenlebens wie auch, innerhalb seiner, der Liebe.

Was die kleine Strophe mit einer lächelnden Gebärde macht, das betreibt das durchschnittliche vormoderne Gedicht endlos und unermüdlich: die Parallelsetzung der Jahreszeiten mit dem Menschenleben. Frühling ist Jugend, Sommer ist Reife, Herbst ist Alter, Winter ist Tod. Die Banalität dieser Symbolisierung wird erst dann zum Problem, wenn man bedenkt, wie unentwegt, und in der trivialen Lyrik bis heute, sie zur Produktion von immer neuen Gedichten geführt hat, zu einer Sintflut stark gefühlter und schwach gedachter Poesie.

Die Banalität ist offenbar doch nicht so unzweideutig. Hinter ihr muss sich etwas verstecken, was komplexer ist als die Gedanken: die Blätter fallen, und auch ich werde eines Tages alt; es ist Frühling, und auch ich war einmal jung. Komplex daran ist in der Tat nicht die Logik, sondern der drängende Wunsch nach einer einsehbaren Ordnung des Daseins. Die Legion von Naturgedichten aus dem bürgerlichen Zeitalter, die in der letzten Strophe alle sagen: »auch ich ...«, bezeugt das leidenschaftliche, vielleicht verzweifelte Bedürfnis, in einer naturhaft geregelten Welt zu leben und den Sinn des eigenen Daseins im Gang der Jahreszeiten, der Tageszeiten gespiegelt und bestätigt zu finden. Die Fixierung der vormodernen Lyrik auf einen bestimmten Ort und einen bestimmten Augenblick, die sich lokalisieren lassen innerhalb einer objektiven Zeit und eines objektiven Raums und die nicht nur einen Moment dieses meines einmaligen, individuellen Lebens festhalten, sondern einen Moment des Menschenlebens schlechthin, diese Fixierung mit ihrer bis ins Wahnhafte gesteigerten Repetition in abertausend Gedichtbüchern erscheint beim Nachdenken als der Reflex einer schrecklichen Ahnung des Gegenteils: dass nämlich solche Ordnung gar nicht existiere, dass sie illusionär sei, dass sie sich verflüchtige, sobald man aufhört, sie immerzu zu benennen und zu beschwören. Dann aber wankt nicht nur der Boden unter den Füßen, sondern das Gefüge des ganzen Weltalls löst sich auf. Nicht länger wäre dann die Bewegung eines in seinen Gesetzen erkannten und begriffenen Kosmos der Garant für die gesetzmäßige Bewegung des Menschenlebens. Nicht länger könnte über die Beschwörung eines gesicherten Orts und eines gesicherten Augenblicks die eigene biologische und sittliche Identität konsolidiert werden. Nicht länger könnte dann das Gedicht sich selbst und seine Vollkommenheit rechtfertigen durch den in ihm mitvollzogenen Akt eines Bekenntnisses zu einer naturgesetzlichen Moral. Und diese Ordnung wäre dann auch der Beginn einer andern Ästhetik, der Anfang einer andern Lyrik.

Ein dritter Text von Storm kann diese Überlegungen präzisieren. An ihm wird nämlich ersichtlich, wie der Autor, ein bedeutender Autor durchaus, um seines Ordnungssystems und dessen ästhetischer Mechanismen willen sogar das eigene Werk beeinträchtigt. Aus einer Bewegung, die zu ganz anderem ansetzt, holt er es nämlich wieder herunter auf den Boden der Konventionalität. Er trivialisiert es, damit es nicht unverhofft die Grenze überschreite zu einer andern Wahrheit. Er bändigt die eigene Arbeit, damit sie ihm nicht aus dem moralischen Ruder läuft.

Erneut setzt der Text sogleich Ort und Jahreszeit fest, den Ort durch den Titel, die Jahreszeit in der dritten Zeile.

Über die Heide

Über die Heide hallet mein Schritt;
Dumpf aus der Erde wandert es mit.

Herbst ist gekommen, Frühling ist weit –
Gab es denn einmal selige Zeit?

Brauende Nebel geisten umher;
Schwarz ist das Kraut und der Himmel so leer.

Wär ich hier nur nicht gegangen im Mai!
Leben und Liebe – wie flog es vorbei![3]

Grandios die erste Strophe, grandios die dritte, flach und klischeehaft die zweite und die vierte! Man sieht förmlich, wie der Autor gegen die eigene Vision vorgeht, wie er die Steigerung bricht und den Echoraum abtötet, der sich zweimal mächtig auftun will. Mit Gewalt wird dem Text eine dünne Wahrheit eingetrieben, auf die zunächst nichts hinweist. Mit Gewalt wird er auf den Sinn- und Symbolzusammenhang reduziert: Herbst ist Alter, Frühling ist Liebe; so wie jetzt Herbst ist, bin ich alt geworden, und der Frühling ist vorbei wie die Liebe. Als ob es im Frühling keine alten Leute gäbe und im Herbst keine jungen, die einander nachschwärmen und sich unter fallenden Blättern und im dicken Nebel glücklich umarmen.

Die ersten zwei Zeilen reden noch ganz anders. So knapp sie sind, so unzweideutig übersteigen sie das regierende System. Sie sprechen nur von einem Klang, einem eigentümlichen Ton, der so noch nie in der Dichtung benannt und zur Erfahrung gebracht worden ist. Der dunkle Schall, den die Schritte des Wanderers auf dem Boden der herbstlichen Heide erzeugen, wird hier aber nicht nur erstmals in der Literatur vernommen, er verbindet sich in dem außerordentlichen zweiten Vers auch mit einer mythischen Vision. Unter dem einsamen Gänger »wandert es mit«. Sind es die Toten? Sind es Geister? Ist es Halluzination? Man weiß es nicht. Die Frage wird nicht gestellt. Sind wir umgeben von unbekannten Mächten? Sind wir von ihnen bewacht, beschützt oder verfolgt? Leben wir am Rande des Wahns? Man weiß es nicht, und die Frage wird nicht gestellt. Die Aussage fällt also nicht zusammen mit einer erkannten und benennbaren Ordnung, vielmehr ist eine solche nur ein Stück weit deutlich. Dann beginnt das Dunkel, und Anderes herrscht. Wohl definiert sich das Ich dieser ersten Strophe räumlich und zeitlich, aber dieser Raum gleicht einer schwankenden, begrenzten Fläche, und die Zeit grenzt an eine andere, von der man nichts weiß: die Zeit der Toten, der Dämonen? Nicht konsolidiert also wird in diesen zwei Zeilen die Identität des sprechenden Ichs, sondern sie zerfasert an den Rändern.

Genau dies aber, die tapfere Wahrheit dieser Erfahrung, muss von der zweiten Strophe sogleich liquidiert werden. Jetzt wird rasch wieder das Ganze abgesteckt, das angeblich wirkliche Ganze mit Frühling und Herbst und Jugend und Alter. Und im offenen Widerspruch zur ersten Strophe deklariert die zweite, dass das Ich hier nichts anderes erlebe als eine altersbedingte Melancholie. Das metaphysische Vibrieren des Anfangs wird aufgefangen durch die Umbenennung in ein Allerweltsgefühl.

Und ist es nicht wahrhaftig ergreifend, dass der Autor diesen Vorgang nochmals wiederholt? Die kreative Energie des Anfangs gibt sich nicht so leicht geschlagen. Sie wird in der dritten Strophe nochmals laut, und nochmals sprengt sie die engen Schranken. Zunächst verhält die Rede noch im verdichteten Naturbild: »Brauende Nebel geisten umher«. Dann aber fährt die Beschreibung erneut über das Vertraute und Gewohnte hinaus: »Schwarz ist das Kraut und der Himmel so leer«. Der leere Himmel verwandelt das schwarze Kraut zu einer Hadespflanze; aus der Landschaft wird eine Unterweltszenerie. Gewiss könnte man diesen »leeren Himmel« in die konventionelle Ästhetik zurücklesen und sagen, das meine doch die Vögel, die Singvögel, die jetzt weggeflogen sind, regulär, weil es eben Herbst ist in der regulären Welt. Aber das Wort vom leeren Himmel hat einen Klang, der alles Vogelkundliche übersteigt. Der furchtbare Sinn, den dieser Ausdruck zunächst bei Heine, dann bei Feuerbach und Nietzsche gewonnen hat, die Erfahrung eines entgötterten Kosmos, blitzt hier auf. Um gleich wieder verdeckt zu werden! Gleich wieder kippt die Rede, und aus dem Moment einer beklemmenden Wahrheit wird erneut eine Schulbuchweisheit: Das Leben ist kurz und die Liebe vergeht.

Wie wenige andere Texte zeigt dieses Storm-Gedicht die Anstrengung, mit der die vormoderne Lyrik des mittleren und späten 19. Jahrhunderts sich selbst immerzu zu rechtfertigen sucht, indem sie sich der offiziellen Sittlichkeit und ihrem Weltverständnis anpasst. Poesie, wirkliche Dichtung, kann sie nur sein, indem sie sich nach jeder authentischen Verlautung selbst ins Wort fällt. Ist das nicht ein Beweis für den chronischen Verdacht, in dem das Gedicht auch noch in der Epoche steht, die es wie keine andere popularisiert hat?

Goethe, gemeingefährlich

Hier wäre ein Einwand denkbar. Was eben entwickelt und abgehandelt wurde: Ist das wirklich nur hochbürgerliche Ästhetik unmittelbar vor dem Einbruch der Moderne? Ist das nicht genau jenes Gedichtmodell, das Goethe begründet und einem ganzen Jahrhundert vorgegeben hat: Ein konkreter Lebensmoment wird aus der akuten Erfahrung heraus symbolisch und für alle verbindlich? Dass hier, bei aller Ähnlichkeit, Differenzen vorliegen, kann an einem einzigen Beispiel vor Augen geführt werden. Aus Goethes erster Weimarer Zeit stammt das folgende Gedicht (zuerst unter dem Titel »Eis-Lebens-Lied« veröffentlicht).

Mut

Sorglos über die Fläche weg,
Wo vom kühnsten Wager die Bahn
Dir nicht vorgegraben du siehst,
Mache dir selber Bahn! –
Stille, Liebchen, mein Herz!
Krachts gleich, brichts doch nicht!
Brichts gleich, bricht nicht mit dir![4]

»Mut«, das meint tatsächlich eine allgemeine Tugend, und die Situation nimmt sich überhaupt recht ähnlich aus wie bei den Storm-Gedichten. Winter ist's, und man läuft mit Schlittschuhen auf dem Eis. Dabei sind die einen mutig, die andern ängstlich, und das Gedicht spricht sich für die Mutigen aus und erteilt den Ängstlichen eine Lehre. Frisch gewagt, ist halb gewonnen – so also in etwa.

Sobald man den Text in dieser Art mit dem diskutierten vormodernen Gedichtmodell zur Deckung zu bringen sucht, wird offensichtlich, dass das nicht geht. Keineswegs nämlich ergibt sich aus dem Ganzen der Spruch, frisch gewagt, sei halb gewonnen. Die Aussage lautet vielmehr: Begib dich ruhig in die größte Gefahr, es wird dir schon nichts geschehen. Fahr frech über den See, wo das Eis kracht und bricht, du wirst es überleben. Das ist, als Albumvers, gemeingefährlich. Als öffentliche Aufforderung am Rand einer Eisfläche müsste es das Einschreiten der Polizei bewirken. Eltern sollen ihre Kinder vor diesem Gedicht hüten. Denn hier spricht einer, den es reizt, Kopf und Kragen zu riskieren. Er erfährt sich selbst erst dann ganz, wenn er das Schicksal herausfordert, wenn er an die Grenze geht, wo Tod und Leben auf der Kippe stehen. Er betreibt einen experimentellen Fatalismus: Komm' ich davon bei der Fahrt über das brechende Eis, dann weiß ich, dass das Schicksal noch einiges vorhat mit mir. Oder umgekehrt: Da ich weiß, dass das Schicksal noch einiges vorhat mit mir, fahre ich zum Beweis über das brechende Eis. Die letzten zwei Verse, die einst berühmt waren – Heine zitierte sie gern –, sind in Wahrheit eine offene Herausforderung der Götter: Seht her, ihr Herren, wie ich's treibe! Und jetzt ersäuft mich, wenn ihr euch traut!

Das ist Weltvertrauen und Hybris in einem. Und keinesfalls entspricht es einem vorbildlichen, einem moralisch ohne Weiteres zu rechtfertigenden Verhalten. Dem bürgerlichen Sicherheitsdenken und seinen Erziehungsregeln aber widerspricht es am direktesten. Das heißt, dass der Text sich mit dem skizzierten vormodernen Gedichtmodell überhaupt nicht zur Deckung bringen lässt. Dieses erfahrende Subjekt kann keineswegs für alle andern stehen, und keineswegs ist es der gesellschaftlich gewünschte Typus. Der sich in diesen Zeilen ausspricht, ist ein Einzelfall. Dieses Subjekt gibt es kein zweites Mal, und man kann weder aus ihm noch aus dem, was mit ihm geschieht, Schlüsse ziehen auf die allgemeine Ordnung der

Welt. Wohl wird ein konkreter Lebensmoment aus der akuten Situation heraus symbolisch, aber für alle verbindlich wird er gerade nicht. Was erscheint, ist die Singularität einer halsbrecherischen Existenz, deren Jubel die Gefahr, deren Glück ein Selbstgefühl ist, das von Verrücktheit nicht so weit entfernt liegt. »Stille, Liebchen, mein Herz!« – schon dass einer sein Herz, die Mitte seiner selbst, anspricht wie eine Frau, in die er verknallt ist, verstößt gegen alle geläufigen Bescheidenheitsgebote. Mit dem kann es kein gutes Ende nehmen, wäre der Schluss, den die bürgerliche Ära aus diesem Existenzdiagramm ziehen würde. Das bedeutet: Umgeschrieben in ein vormodernes Gedicht, müsste der Text mit dem Ertrinken des Prahlers enden, zur Warnung aller Waghalsigen. Nur so wäre das Ereignis einer derart radikalen Individualität sittlich korrekt.

Dass die Goethe-Gedichte trotzdem in Schule und Heim unabsehbar auf pädagogische Modelle hin umgeschaffen, umgedeutet, umgelesen wurden, ist ein Element dessen, was man die »Domestizierung der Klassiker« nennen könnte und was das Erkenntnis- und Erfahrungspotenzial, welches in den Klassikern steckt, bis heute verschüttet hält. Wie Storm in seinem Heide-Gedicht als Autor seine eigenen Zeilen verdächtigt und durch Gegengebärden neutralisiert, so neutralisierte die hochbürgerliche Ära das, was ihr an den Klassikern anstößig war, durch hermeneutische Machenschaften.

V. Aufstand der Moderne

Das Gesicht der Gegenaktionen

Die Moderne probte den Aufstand. Mehr noch: sie vollzog ihn mit unerhörter Gewalt und auf breitester Front. Die auf ihre Weise großartige Eindeutigkeit des vormodernen Gedichtmodells und seiner sittlichen Sendung ermöglichte ein Spektrum von Gegenaktionen, wie es das in der Literatur seit dem Aufstand der Stürmer und Dränger gegen Gottscheds streng geregelte Aufklärungspoetik im 18. Jahrhundert nicht mehr gegeben hatte. Auch damals war der Aufbruch nur möglich, weil ein dogmatischer Gegner vorhanden und an der Macht war. Ohne Bastille keine Revolution. Ohne Gottsched kein Götz. Ohne Storm kein Trakl. Ohne die bürgerliche Erziehungsästhetik keine lyrische Moderne. Bis heute kann die Moderne in ihrer Dynamik nicht begriffen werden ohne die immanente polemische Geste gegen das Normen- und Formenspektrum der offiziellen Kunst des hohen 19. Jahrhunderts. Selbst wo diese offizielle Kunst im Einzelnen längst vergessen ist, lebt sie untergründig weiter in jedem modernen Werk, das sich von ihr absetzt und sie gerade deshalb braucht.

Das Gedicht der Moderne, wenn der pauschale Begriff denn einmal gewagt sein soll, lebt davon, dass es jeden je geäußerten Verdacht gegen die Lyrik bestätigt, dass es jedem Verdacht gegen sich selbst recht gibt und dies allen vor Augen führt. Wo Storm über der eigenen Kühnheit erschrickt und sich selbst zurückpfeift, erkennt die Moderne in ihrer Kühnheit das eigene Wesen und nimmt sie als Anstoß zu noch weit mehr.

Man kann diese Ästhetik des Gegenzugs in Einzelfällen sehr genau zeigen. Ein so berühmtes Gedicht wie die Vision vom unterirdischen Garten in Stefan Georges frühem Zyklus »Algabal« erweist sich Schritt für Schritt als Aktion wider die literarische Sicht der Welt, die bisher gegolten hat und vielerorts noch lange gelten wird. Es beginnt mit den Worten: »Mein Garten ...«, und diesen Einsatz allein könnte man nach den Regeln der vormodernen Lyrik so verlängern, dass das entsprechende Gedicht sich in Umrissen schon jetzt abzeichnet. Im Umkreis der beschriebenen Tradition müsste nach diesem Auftakt die Bestimmung der Jahreszeit kommen, in der und aus der heraus das Gedicht spricht. Dann erfolgt die Beschreibung, wie der Garten sich dem Haus zuordnet, mit dem zusammen er eine größere Einheit bildet. Hierauf treten Haus und Garten in Beziehung zu jenen, die darin leben, und zwar insbesondere zu den Lebensaltern der Bewohner, zur Generationenfolge und zur Funktion, die dem Garten im schrittweisen Gang der Liebe, der Ehe, der Fortpflanzung zukommt: »Hier haben wir zum ersten Mal ... Und heute ... Und bald einmal ...« Man hat es wahrhaftig fast schon im Ohr. Des Weiteren aber wird dann sichtbar, wie der Garten in das umfassende Ganze der Natur, der Tages- und Jahreszeiten, des Blühens, Früchtetragens und Welkens verfügt ist und wie zuletzt *ein* Rhythmus alles Lebendige in diesem Garten, diesem Haus bewegt, wie sie zusammen *einen* organisierten Raum bilden innerhalb *eines* großen, alles überwölbenden Raums. Und die sittlichen Dimensionen der richtigen Arbeit und der berechtigten Ruhe, des Fleißes und Genusses durchziehen das Gesamtbild und werden an passenden Einzelheiten erkennbar. Der Garten wird zur Miniaturgestalt einer ganzen Welt, in der alles seinen Ort und seine Zeit hat und wo nichts sein darf, was diesen Ort und diese Zeit nicht besitzt. Solches nämlich müsste gegebenenfalls grimmig, müsste mit Gewalt ausgerottet werden. Schön wäre dieser Garten, schön wäre dieses Gedicht, und legitimiert wäre die Schönheit dieses Gedichts durch die Allegorie eines moralisch intakten Ganzen, die es verkörperte.

Diese Spekulation kann nun als Folie hinter das Garten-Gedicht von George gehalten werden. Rasch macht sie sichtbar, was hier das ganz Andere ist, was jetzt neu, gefährlich neu dasteht.

Mein garten bedarf nicht luft und nicht wärme ·
Der garten den ich mir selber erbaut
Und seiner vögel leblose schwärme
Haben noch nie einen frühling geschaut.

Von kohle die stämme · von kohle die äste
Und düstere felder am düsteren rain ·
Der früchte nimmer gebrochene läste
Glänzen wie lava im pinien-hain.

Ein grauer schein aus verborgener höhle
Verrät nicht wann morgen wann abend naht
Und staubige dünste der mandel-öle
Schweben auf beeten und anger und saat.

Wie zeug ich dich aber im heiligtume
– So fragt ich wenn ich es sinnend durchmass
In kühnen gespinsten der sorge vergass –
Dunkle grosse schwarze blume?[1]

Wer Algabal ist, der Besitzer dieses Gartens, braucht nicht länger beschrieben zu werden. Er war ein blutjunger römischer Kaiser, berüchtigt wegen seiner Lebensführung und Willkür, mit 22 Jahren ermordet. Hier geht es nicht um seine Person, nur um das Gedicht, genauer: um Modell und Gegenmodell, Schönheit und Gegenschönheit, um die Metamorphosen der Zweiten Beute.

Der Grundakt des Gedichts besteht darin, dass der Garten

radikal aus dem Naturganzen herausgerissen wird. Er entsteht an einem Ort außerhalb, in der Tiefe vermutlich, ist Raum abseits von jenem Raum, der offiziell gar kein Außerhalb hat. Nur schon dass er diese Stelle behauptet, macht ihn zu einer Demonstration der Verneinung. Und entsprechend verweigert das Gedicht, das diesen Ort feiert, jeden Dienst an Welt und Gesellschaft. Das Ich, das hier spricht, ist keines, an dessen Denken und Fühlen, an dessen Lebenserfahrung ich mein eigenes Leben messen, besser begreifen und sinnvoll ausrichten kann. Dieses Ich schwebt außerhalb der Menschenzusammengehörigkeit wie der Garten außerhalb des allgemeinen Raums.

Und ähnlich verhält es sich mit der Zeit. Der Ordnungswille des vormodernen Gedichts hat alles verzahnt, verfugt, vernetzt: meine Person und die aller andern, meinen Ort und den aller andern, meine Zeit und die aller andern. Jetzt wird mit gleicher Unerbittlichkeit der Schnitt geführt zwischen meiner Person, meinem Ort, meiner Zeit und denen aller andern. Wenn der andere Ort zuerst und schockhaft ins Auge fällt, entdeckt sich die andere Zeit gar als das Folgenreichere. Dieser Garten nämlich wirft sich auf gegen die Zeit überhaupt, gegen die Vergänglichkeit, an der ich ja überhaupt erst feststelle, dass es so etwas gibt wie die Zeit. Was hier blüht, blüht ewig. Was hier lebt, stirbt nie. Was hier Blatt ist oder Frucht, kann nicht verwelken, nicht fallen, nicht verrotten. Diese Natur braucht keine Sonne und will keine Sonne. Denn die Sonne ist die Zeit. Wer unter der Sonne steht, steht in der Zeit, in der Vergänglichkeit, wird eines Tages verrotten. Die zwei Storm-Gedichte, die dem vormodernen Modell widerspruchsfrei gerecht wurden, »Dämmerstunde« und »Juli«, enthalten beide wie selbstverständlich den Hinweis auf die Sonne und den Sonnenstand, einmal im Tages-, das andere Mal im Jahreslauf. Ohne die Sonne keine Zeit und keine Ordnung der Zeit, ohne die Sonne, heißt das in letzter Konsequenz, keine Ordnung überhaupt.

Der metaphysische Anspruch, dem das vormoderne Gedicht dient, behauptet die Absolutheit der Sonnenordnung, die Objektivität ihrer Zeit. Dass der absolute König sich einst mit der Sonne gleichsetzte, sie zu seinem Wappen machte, Roi soleil, mutet wie eine Selbstverständlichkeit an. Jede gezackte Krone ahmt den Strahlenkranz am Himmel nach. Mythos, Physik und Biologie überlagern sich in der Erfahrung, im Studium der Sonne. Was immer für uns Leben ist, auch physiologisch, ist es durch die Sonne. Was wäre eine Natur ohne Photolyse, ohne Photosynthese? Sie wäre nicht, sie könnte nicht sein, sagt die Naturwissenschaft. Hier ist sie, sagt Georges Gedicht.

Wenn man die Strophen unter dieser Perspektive durchliest, scheinen sie von der einzigen Leidenschaft bewegt: über die Sonne zu triumphieren und deren Ordnung außer Kraft zu setzen. Wie Goethes Prometheus einst dem Zeus erklärte, er brauche ihn nicht, er schaffe sich seine Menschen selbst, erklärt Georges Algabal der Sonnenwelt, dass er sie nicht nötig habe. Seine Natur schaffe er sich selbst. Das geht bis in die Details. Schon die erste Zeile setzt den Ort jenseits von Wärme und Kälte und fügt gleich die prometheische Trotzformel hinzu: »ich mir selber«. Und dieselbe Strophe tritt auch in Distanz zu den Jahreszeiten, von denen das vormoderne Gedicht sich so süchtig nährte: »noch nie einen frühling geschaut«. Dass die Verwandlung aller organischen Dinge ins Anorganische, Unverwesliche auf die Kohle zurückgreift um der Schwärze willen – denn die schwarze Farbe tritt das ganze Gedicht hindurch konsequent gegen die gelbe Sonne an –, führt zur hintergründigen Paradoxie, dass die Kohle selbst ja nichts anderes ist als millionenjahrealte Sedimentierung von Pflanzen, ein Sonnenkind also dennoch. Man mag das für einen Fehler im Denken des Dichters halten, könnte aber auch darauf hinweisen, dass der letzte Vers des Gedichts mit verdüstertem Pathos vom Scheitern des Projekts und seines äußersten Ehrgeizes reden wird.

Wie die erste Strophe die Jahreszeiten, beseitigt die dritte die Zeiten des Tages. Tag und Nacht sind nicht voneinander zu unterscheiden, verfließen in einem gleichförmigen »grauen schein«. So gibt es auch keine Ernte. Die Früchte sind immer da, immer schön, schwarz, glänzend und nie gepflückt. Daneben, reglos wie sie, die »saat«. Und der Duft, der von der lebendigen Natur unter der Sonne ausgeht und der dort so wunderbar ist, bis er in den Gestank der Fäulnis kippt, er ist hier vertauscht mit den gleichbleibenden »dünsten der mandel-öle«, einem hergestellten Destillat. Bei Novalis, in den »Hymnen an die Nacht« – wo es auch um die Gegensonne, die »Sonne der Nacht«, geht, aber in einem anderen Erfahrungshorizont –, wird »des Mandelbaums Wunderöl«[2] neben Wein und Opium als drittes großes Rauschmittel angeführt. Vielleicht bezieht sich George hier auf den Romantiker, vielleicht soll aber auch die Assoziation an das Gift geweckt werden, die Blausäure, die aus den bitteren Mandeln gewonnen wird.

Das Ganze bliebe ein seltsames, etwas beunruhigendes Experiment, irgendwo zwischen Kuriosität und Wagnis, wäre da nicht der letzte Vers. Schon im Metrum hebt er sich von allen andern ab. Ohne Doppelsenkungen, in vier Trochäen, jeder zusammenfallend mit einem Wort, sagt hier das Gedicht, dass es sein Ziel nicht erreichen wird. Die eindringliche Zeile benennt und beschwört, was sie zugleich als unwirklich eingesteht: die schwarze Rose, die Rose der Gegenwelt, die Rose, die der Sonne nicht bedarf, die schwarze Blume, die vollkommen wäre wie die weißen, die roten, die gelben unter dem leuchtenden Himmel. »Dunkle grosse schwarze blume« – man hört die Klage schon aus dem langsamen Fall der Silben, der voneinander wie abgetrennten Wörter.

Die schwarze Blume, die schwarze Rose, mit ihr wäre das unerhörte Unternehmen erst geglückt. Früchte, Vögel, Bäume, Düfte, alles wurde gewonnen. Und doch ist das neue Ganze verloren, wenn die Rose nicht geschaffen werden kann. Sie ist die Mitte des »heiligtums«, als welches der Garten am Ende bezeichnet wird. Das künstliche Paradies, »le paradis artificiel«, bleibt unvollendet, solange die schwarze Rose fehlt. Das Gedicht ist so kühn, sie nicht für unmöglich zu halten. Es verharrt in der Frage: »Wie zeug ich dich aber …?« Doch es ist auch so ehrlich, sie als nicht errungen, als vorderhand nur erträumbar zu bekennen.

In dieser Klage wohnt die Wahrheit des Gedichts. Durch diese Verlautung unterscheidet sich sein Totalitätsanspruch von dem des vormodernen Modells. Das Ganze erscheint so als Ausdruck einer großen Not, einer epochalen Sehnsucht. Ein verzweifelter Versuch ist es, entsprungen dem verzweifelten Ekel an der Welt aller andern, an der Allerweltswelt. Nicht zum Zeugnis eines erreichten neuen Orts wird das Gedicht, auch wenn dies vier Strophen lang so scheinen will, sondern zum Dokument einer Dynamik, die den andern Raum, die andere Zeit, das andere Bewusstsein immer neu ins Auge fasst, den Aufbruch immer neu riskiert. Im Eingeständnis seines Scheiterns entkommt das Gedicht dem Dogmatismus, den es am Denken und Reden der Gegenwelt zu Recht verabscheut.

Damit ist es auch mit dem Trick zu Ende, dank dessen das vormoderne Gedicht das Recht erlangte, schön zu sein und sich dieser Schönheit nicht schämen zu müssen. Weg ist jetzt die moralische Sendung, fort der pädagogische Auftrag. Wissentlich tritt das moderne Gedicht wieder unter den alten Verdacht, mit offenen Augen läuft es in die Messer der Erzieher, Prediger und Weltsanierer. Es wird nicht amoralisch im Sinne des Niederträchtigen, Schweinischen, Bösen. Es setzt sich nur ab von einer objektiv gegebenen Sittlichkeit, wie es sich vom objektiven Raum und von der objektiven Zeit abgesetzt hat und von der Objektivität eines personalen Ichs, das sich identisch glaubt mit seinem Bewusstsein. An die Stelle des pädagogischen Auftrags tritt im modernen Gedicht die Kultur eines Zynismus, der etwas ganz anderes ist als die Weltsanierer meinen, eine Form des Glaubens nicht zuletzt. So erscheinen bei Benn die schnödesten Verneinungen stets als Vorspiele oder Präludien zu Momenten rückhaltloser Zustimmung, so flammt die sengende Frömmigkeit der Lasker-Schüler stets auf in einem Raum, der niemand sonst gehört und stolz, rabiat, unverschwistert nur sich selbst feiert und den eigenen Gott.

Jenseits von Newtons Raum

Während Georges schwarzer Garten zwar den alten Raum außer Kraft setzt, den neuen aber in Parallele dazu konstruiert, als ein perspektivisch angelegtes, dreidimensionales Gefüge, worin der redende Algabal umhergeht wie in einer Landschaft von Burne-Jones oder Max Klinger, verwandeln sich Georg Trakls Gärten in Räume jenseits der Newtonschen Determinanten. Hier und Dort, Jetzt und Damals sind nicht mehr in einer Weise voneinander geschieden, dass sich von ihrer Differenz aus alles andere orten und begreifen ließe. Sie können zusammenfallen, oder das Jetzt selbst kann auseinandertreten in Gestalten des Bewusstseins, die einander anschauen wie ferne Erscheinungen.

Und während Georges Text sich aufbaut und zusammenfügt, Zeile um Zeile, und ein Ganzes wird, fertig, geschlossen, nicht mehr zu ändern, gekrönt vom saturnischen Vers mit der schwarzen Blume, sind die Texte Trakls nie fertig und haben immer schon früher einmal begonnen. Sie nähern sich uns von irgendwo her, sind da wie eine tönende Wolke und bewegen sich langsam vor unseren Augen. Die einzelnen Bilder verschwinden und kommen wieder. Leuchtende Wendungen erscheinen nur für einen Augenblick, dann erlöschen sie, und oft werden sie durch einen stumpfen Ausdruck ersetzt. Das ist nicht metaphorisch gemeint, das ist ein schlichtes philologisches Faktum. Seit die ersten Berichte über Trakls Handschriften erschienen sind, die dann zur ersten historisch-kritischen Ausgabe von Walther Killy und Hans Szklenar führten, wurde immer deutlicher, dass Trakls Schreiben sich in einer andern Zeit abspielt, als man sich das bei Dichtern sonst denkt. Was vor ihm auf dem Papier erscheint, wird wieder verändert, mehrmals. Darin unterscheidet sich Trakl noch nicht von andern Autoren. Aber bei den andern Autoren ist der Prozess des Feilens und Umgestaltens bestimmt vom Ziel des vollendeten Werks, der besten möglichen Form. Ob dann jeweils am Ende die tatsächlich beste Form steht, darüber mögen sich die Kritiker und Literaturkenner streiten, wie sie es seit mehr als hundert Jahren über die zwei Fassungen des Grünen Heinrich tun. Nicht streiten aber lässt sich darüber, dass die Arbeit des Feilens sonst überall unter dem Imperativ des Bessermachens steht und zuletzt das Beste will.

Für die Epoche der Vormoderne gibt hier C.F. Meyer das schlagende Beispiel ab. In den sich oft über viele Jahre hinziehenden Bearbeitungsmühen ist bei ihm durchweg ein ästhetischer Wille zu erkennen, ein formales Telos, das alles Zufällige, Unbeholfene, Widerständige aus der Gestalt des Gedichts austreiben möchte. Und wenn Meyer darüber manchmal blind wird für den eigentümlichen Reiz einer nicht völlig auspolierten Wendung, wenn er die unverhoffte Energie eines Verses dämpft um der glatten Einfügung in die Zeilenfolge willen, so ist doch nie zu verkennen, dass es um die höhere Vollkommenheit des Ganzen geht. Dieses Ganze soll zuletzt dastehen als in sich selbst vollendetes Werk, rundum fertig und definitiv. Das Wort »definitiv!« schrieb Meyer gern unten auf das Manuskript, wenn er mit einer neuen Fassung zurande gekommen war – was ihn nicht hinderte, eines Tages doch nochmals einzugreifen.

Bei Trakl ist dieses formale Telos nicht zu erkennen. Was sein Umarbeiten lenkt, ist undurchschaubar, auch wenn man die Varianten nebeneinanderstellt. Er verändert nicht im Sinne einer Straffung, Klärung und erhöhten Transparenz, nicht im Sinne einer Beseitigung des Unnötigen und Verdeutlichung des Wesentlichen. Der landläufige Begriff des Feilens ist bei ihm völlig fehl am Platz. Er streicht hinreißende Sätze, die durch nichts Ähnliches ersetzt werden. Er vertauscht ein negatives Wort durch ein positives, ohne am restlichen Text entsprechende Korrekturen vorzunehmen. »Der Schlaf« beginnt in der ersten Fassung mit dem Vers: »Getrost ihr dunklen Gifte«; in der zweiten Fassung wird daraus: »Verflucht ihr dunklen Gifte«. Die Logik der Umgestaltung ist bei Trakl ebenso unzugänglich wie der Sinnzusammenhang des Textes, der eines Tages in Druck gegeben und so für fertig erklärt wird. Man kann nur zuschauen, wie die Texte sich umbilden, die Bilder kommen und gehen, die einzelnen Wörter übereinander gleiten. Und man erinnert sich an den Satz von Valéry, den Gottfried Benn einmal zitiert: »Warum sollte man nicht die Hervorbringung eines Kunstwerks ihrerseits als Kunstwerk auffassen?«[3]

Nichts kann mehr fertig sein

Dem entspricht die Tatsache, dass die Grenzen von »Werk« zu »Werk« sich auflösen. Nur scheinbar steht bei Trakl ein fertiges Gedicht neben dem andern. In Wahrheit wären ihre Teile oft austauschbar, und in jedem Text tauchen Bildgruppen auf, die anderswo genauso gut stehen könnten. Sie scheinen zu wandern durch die Gedichte, die lyrische Prosa, die Dramenfragmente, schließen sich einmal dort an, dann hier. Der Begriff des Werks, des fertigen Stücks, das unverwechselbar ist wie ein geschliffener Stein und es auch auf dessen Kostbarkeit abgesehen hat, ist hier einer Vorstellung gewichen, für die vorderhand kein Name existiert. Wohl geben sich die Gedichte Trakls in den wenigen Büchern, die er veröffentlichen konnte, als ästhetische Individuen herkömmlicher Art, aber dies ist im Grunde ein Ergebnis der Typographie und der Buchform und nicht des innersten ästhetischen Gesetzes. Das bedeutet, dass nicht nur Ort und Zeit und das konsistente Ich sich auflösen bei diesem Dichter, sondern auch das Werk, die gefertigte Gestalt, die sich einst in Analogie zum Geschmeide und gegossenen Erzstück definierte, seit der Goethezeit aber in Analogie zum Naturding, dem Geschöpf des Schöpfers das Geschöpf des Menschen als Wesen gleichen Ranges entgegenstellend.

»Erinnerung« ist ein Stück lyrischer Prosa überschrieben. An einer kurzen Passage daraus kann dieses seltsame Leben vorgestellt werden, das die Texte Trakls führen, ihre proteische Ruhelosigkeit. Als Beispiel wird der zweite Abschnitt des folgenden Textes dienen.

Erinnerung

Stille wohnte in nächtiger Höhle das Kind lauschend in der blauen Woge des Quells dem Geläute einer strahlenden Blume. Und es trat aus verfallener Mauer die bleiche Gestalt der Mutter und sie trug in schlummernden Händen das Schmerzgeborne nachtwandelnd im Garten. Und es waren die Sterne Tropfen Blutes schimmernd im kahlen Geäst des alten Baumes und sie fielen in der Nächtigen härenes Haar, und es hob die purpurnen Lider leise der Knabe, seufzend die silberne Stirne im Nachtwind.

Wachend im Abendgarten im stillen Schatten des Vaters, o wie ängstigt dies strahlende Haupt duldend in blauer Kühle und das Schweigen in herbstlichen Zimmern. Ein goldener Kahn sank die Sonne am einsamen Hügel und es ver-

stummen zu Häupten die ernsten Wipfel. Stille begegnet in feuchter Bläue das schlummernde Antlitz der Schwester, vergraben in ihr scharlachfarbenes Haar. Schwärzlich folgte jenem die Nacht.
[…][4]

Man kann dieses Gebilde nicht in seine »Bedeutung« übersetzen, wie man einen fremdsprachigen Text ins Deutsche übersetzt. Was sich beschreiben lässt, ist eine schleiernde Sinntendenz, eine Bedeutungslandschaft, innerhalb deren sich alles bewegt, ohne dass jedoch das rätselhafte Einzelne von ihr aus zu erklären wäre. Die Sinntendenz geht in Richtung auf die Kindheit, die Geborgenheit einer sehr frühen Kindheit zunächst, dann die Gemeinschaft mit der Mutter, die Erfahrung des Vaters, die Begegnung mit der Schwester als einer erotischen Figur. Zur Sinntendenz gehört auch das alte Thema des Erwachens aus einer unbewussten Existenz, sei es nach der Geburt, sei es unter der hereinbrechenden Sexualität.

Zweimal fällt das Wort »Garten«. Erscheint auch die Sonne, die Tageszeit, die Jahreszeiten? Die Signale sind tatsächlich da. Von Nacht ist mehrfach die Rede, auch vom Abend. Die Sterne werden genannt, die sinkende Sonne. Die »strahlende Blume« könnte auf den Frühling weisen, aber gleich darauf ist das Geäst kahl, es muss Winter sein. Wenig später erscheinen »herbstliche Zimmer«. Der Garten bleibt ohne Bezug zu einem Haus, einer Stadt, einer angrenzenden freien Natur. Er taucht auf neben der »nächtigen Höhle« – einer Metapher oder einem Konkretum? Die repräsentativen Elemente der Zeit und des Raums sind vorhanden, aber sie verweisen auf keine umfassenden Strukturen. Eine Ordnung, unter der alles steht und die dem Leser zu erkennen gibt, sie sei auch die seine, bildet sich nicht heraus. Offensichtlich ist es vielmehr die Intention des Textes, eine solche Ordnung zu vermeiden, ihre Genese zu sabotieren. Man kann sie zwar den zwei zitierten Abschnitten mit hermeneutischer Gewalt überstülpen, aber das wäre ein Ausweichen vor ihrer Provokation. Das Wohnen »in nächtiger Höhle«, »in der blauen Woge des Quells«, unter dem »Geläute einer strahlenden Blume« als einen Zustand hinzustellen, der früher war als das Getragenwerden durch die Mutter im Garten, mag verlockend sein – vor der Geburt, nach der Geburt … –, aber es gibt kein Zeichen im Text, das dieses gliedernde Nacheinander bestätigen würde. Vielmehr treten schon im ersten Satz die einzelnen Teile selbst wieder so nebeneinander, dass sie keine räumliche Gesamtfigur ergeben. In der Höhle, im Quell, unter der Blume, das sind drei Vorstellungen, die in je anderer Art auf das Gleiche zielen, einen Ort ganz früher Geborgenheit. Nach allen offiziell geltenden Regeln des Schreibens hätte sich der Dichter für eines dieser Bilder zu entscheiden, weil sonst dem Leser die imaginäre Szenerie durcheinandergerät. Schließlich will er eintreten in das Gedicht wie in eine kleine Sekundärwelt und sich so rasch wie möglich darin zurechtfinden. Genau dies aber wird ihm schon mit dem ersten Satz verunmöglicht.

Wie die wiederholte Rede vom Garten mit den herkömmlichen Verfahren der Raumbildung im literarischen Text spielt und eine solche zugleich verhindert, spielt sie auch mit den symbolischen Traditionen des Gartens. Der Garten des Paradieses, wo den ersten Menschen die Augen aufgingen, wo sie in Schuld, Not, Mord und Tod gerieten, wird aufgerufen und gleichwohl nicht bestätigt. Der Garten Gethsemane am Ölberg, wo Christus am Abend zu leiden beginnt, wachend, während die Jünger schlafen, ist als Assoziation in der Vaterpassage nahe, und das »strahlende Haupt« des Herrn ist aus vielen Ölbergszenen der Kunstgeschichte bekannt, etwa, um ein österreichisches Beispiel zu nennen, auf dem Gemälde von Franz Anton Maulpertsch in Graz. Dennoch bleibt diese Assoziation in der Schwebe. Der Text gestattet sie, aber lässt die Leser damit allein.

Auf diese Weise freigesetzt, bewegen sich sogar die Attribute durch die einzelnen Sätze, in offenem, gleitendem Bezug zu den Substantiven, neben denen sie – zufällig? – erscheinen: schlummernde Hände, purpurne Lider, silberne Stirn, verfallene Mauer. Es könnten auch purpurne Hände, eine verfallene Stirn, silberne Lider sein. Geradezu dramatisch verdeutlicht dies der Text durch die Wendung »härenes Haar«. Die absurde Tautologie ist keine. Sie stellt vielmehr das Gesetz unter Beweis, dass, wie Raum und Zeit und Ich, die elementaren Teile der Welt, sich auch die elementaren Teile der Sprache, des Satzbaus, keinen gewohnten Gesetzen mehr fügen.

Alles Nacheinander gleichzeitig

Das alte hermeneutische Verfahren, mit dem man aus den wortreicheren Vorstufen eines Textes seinen ursprünglichen Sinn gewinnen kann, scheitert hier eklatant. Vielmehr treten die genetischen Phasen nebeneinander, als hätten sie nichts miteinander zu tun, seien nur verknüpft durch den Zufall einiger gleicher Wörter. Der Satz, der eben mit einigem Zögern in die Nähe der Ölberg-Ikonographie gerückt wurde, erscheint in der ersten Gestalt davon so weit entfernt, wie man nur denken kann. So lautet er im zitierten Abschnitt:

> Wachend im Abendgarten im stillen Schatten des Vaters, o wie ängstigt dies strahlende Haupt duldend in blauer Kühle [...].

Dafür stand zunächst:

> Schreitend auf Felsenpfaden im stillen Schatten des Vaters, o wie ängstigt das feurige Haupt des gewaltigen Schmieds in der Nacht.[5]

Das erinnert eher an Hephaistos und andere mythische Riesen. Dass er das Kind »ängstigt«, ist verständlich, aber dieses Ängstigen bleibt in der zweiten Fassung bestehen, obwohl der Grund dazu, der Schmied mit dem feurigen Haupt, verschwunden ist.

Am deutlichsten sichtbar wird das Eigenleben des Traklschen Textkörpers – ohne Bezug zu einer abzubildenden Vorgabe, ohne Spiegelfunktion der sogenannten Wirklichkeit gegenüber – an den Metamorphosen der zweiten Hälfte des zweiten zitierten Abschnitts. Da heißt es ganz zuerst mit einer später nie wieder erreichten poetischen Gewalt:

> Hinter dem Hügel klang das purpurne Lachen der Hölle, ehern Geschrei. Bei der Mühle zündet die Schwester ein Feuer an, lachend vergraben in ihr scharlachfarbenes Haar, blutet die Nacht lang ein weißes Lamm im Dornenbusch.[6]

Das ist wie von Edvard Munch, wenn er am unheimlichsten malt, mit den gefährlichsten Farben. Die Schwester, Trakls Schicksalsfrau, mit der er den Inzest erfuhr wie die ersten Menschen das erste Verbrechen, erscheint hier für einmal nicht nur als Opfer, sondern als wilde Partnerin. Das biblisch-christliche Bild vom Lamm im Dornbusch aber wird sofort wieder ausgemerzt. Es verschwindet spurlos. An seine Stelle tritt der Satz: »Schatten sind es, die sich nächtlich begegnen im vermodernden Wald.«[7]

In der nächsten Fassung verwandelt sich die Höllenvision, die grelle Feuerzone der Sexualität, in eine stille Winterlandschaft, und die Schwester schwebt madonnenhaft verklärt in der Luft:

> Aber hinter dem Hügel ist Schnee gefallen und es rauschen zu Häupten die schwarzen Schwingen heimkehrender Raben. Und es trat aus purpurner Flamme das Antlitz der Schwester schlummernd in ihrem härenen Haar. Schatten begegnen wir uns auf dornigen Pfaden.[8]

Wohl verweist die »purpurne Flamme« – im Manuskript wird sie einen Moment lang zur »magnetischen Flamme« – noch von fern auf das Feuer bei der Mühle, aber der neue Text hat alles Gefährliche, auch die erotischen Implikationen, getilgt. Die semantische Tendenz des Textes hat sich ins Gegenteil verwandelt. Und was die dichterische Qualität betrifft, darf man sich fragen, ob hier nicht sogar ein Verlust festzustellen sei, ein Verlust, der sich beim Übergang zur folgenden Fassung, der bereits einmal zitierten, noch verstärkt:

> Ein goldener Kahn sank die Sonne am einsamen Hügel und es verstummen zu Häupten die ernsten Wipfel. Stille begegnet in feuchter Bläue das schlummernde Antlitz der Schwester, vergraben in ihr scharlachfarbenes Haar. Schwärzlich folgte jenem die Nacht.

Nun ist die Schneelandschaft wieder weg, auch die Raben sind verschwunden mit ihrem leisen Anklang an die Bruder-und-Schwester-Märchen. Der goldene Kahn und das Verstummen der ernsten Wipfel können dies nur unvollkommen wettmachen. Anderseits ist das heftigere Wort »vergraben« (in ihr Haar) wieder da, obwohl sonst alles sanfter geworden ist.

Und noch einmal taucht die Stelle auf, in dem Prosastück »Verwandlung des Bösen« aus dem Band »Sebastian im Traum«, das wohl als Weiterführung des Fragments »Erinnerung« betrachtet werden kann. Da heißt es, nach einem ganz andern Anfang, plötzlich:

> Bei der Mühle zünden Knaben ein Feuer an. Flamme ist des Bleichsten Bruder und jener lacht vergraben in sein purpurnes Haar; oder es ist ein Ort des Mordes, an dem ein steiniger Weg vorbeiführt.[9]

Die ersten Bilder müssen also irgendwo bewahrt geblieben sein. Das Feuer bei der Mühle, dem alten Liebesort der Romantik, kehrt wieder, aber was das Reden von Liebe erst sinnvoll macht, das zunächst lodernde, dann schwebende Bild der Schwester, hat sich verflüchtigt. Das Wort »Bruder« steht zwar da, und »Flamme« und »Bruder« scheinen in einem Geschwisterverhältnis zu stehen, aber Weibliches ist nicht zu erkennen, und »lachend vergraben in sein purpurnes Haar« ist jetzt »jener«, ein Mann, eine Figuration des sprechenden Ich vermutlich.

Unbeweisbar und in Stücken

Wenn man die vier Stellen nebeneinander hält, sie nacheinander liest, bald in dieser, bald in jener Anordnung, ist es unmöglich zu sagen, in welcher Reihenfolge sie entstanden sind. Und wenn sich beim Studium des Übergangs von einer Stufe zur nächsten gelegentlich ein Gefühl des Verlustes einstellte, des Bedauerns über das Verschwinden eines bedrängenden Bildes, so verschwindet die Eindeutigkeit dieses Urteils wieder beim freien Schweifen über die vier Texte hin. Die Versenkung in das einzelne Stück führt jedesmal zu der eigentümlichen Schönheitserfahrung, die zu Trakl gehört. Die Zeilen, die Sätze sind schön, sie wollen schön sein, obwohl ihre Schönheit sich entfaltet vor einem ungreifbar schrecklichen Hintergrund. Darf man von dieser Schönheit überhaupt reden? Muss man nicht durch sie hindurch die Qualen des Menschen Georg Trakl studieren, die Qualen der sich liebenden, einander vernichtenden Geschwister? Macht man sich nicht der Lüge schuldig, wenn man schön findet, was aus der schweren Not stammt?

Sobald man die Frage unverblümt stellt, wird deutlich, dass die Jahrzehnte, welche die Kategorie der Schönheit im Gedicht grundsätzlich tabuisiert, wenn nicht überhaupt verurteilt haben, sich damit auch vieles zu erleichtern wussten. Das sittliche Pathos hinter der Parole, dass die Künste nicht schön, sondern wahr zu sein hätten und dass die Kategorie der Schönheit theoretisch wie praktisch abgedankt habe angesichts der niederträchtigen Wirklichkeit des Jahrhunderts, enthält auch ein Moment des Sich-Drückens vor dem fundamentalen Ereignis der Zweiten Beute – des urtümlichen Willens zur Vollkommenheit. Die Auslegung der Lyrik kann sich so auf die Bereiche konzentrieren, wo die Arbeit einfacher ist: das Böse und das Gute, das Richtige und das Falsche. Was dann nicht selten zur Folge hat, dass am Ende einer ausgreifenden Interpretation nichts so deutlich und gesichert dasteht wie die sittliche Qualität des Interpreten selbst. So ist ja auch der Diskurs über das Verstehen von Gedichten, über die Grenzen des Verstehens und die Möglichkeit oder Unmöglichkeit eines verbindlichen Sinns immer noch einfacher zu führen als der Diskurs über ihre Schönheit.

Warum dieser Diskurs so schwer ist, hat Adorno auf die kürzest mögliche Weise ausgesprochen: »So wenig ist das Schöne zu definieren, wie auf seinen Begriff zu verzichten, eine strikte Antinomie.«[10] Leider ist die kürzest mögliche Weise, etwas auszusagen, bei Adorno nicht immer auch die deutlichste. Er sagt zuerst: Man kann das Schöne nicht so präzis definieren, dass sich sein Vorhandensein oder Fehlen mithilfe dieser Definition jederzeit und überall nachweisen lässt. Und als Nächstes sagt er: Dennoch gibt es den Begriff »das Schöne«, und zu einem Begriff gehört nach den klassischen Regeln der Logik, dass man ihn definieren kann. Es muss also im Schönen ein Widerspruch stecken, der nicht aufzulösen ist – eine »strikte Antinomie«. Dieser Widerspruch kann nur darin bestehen, dass an der Erfahrung des Schönen, wo immer sie sich ereignet, nicht zu zweifeln ist, dass es aber keine Möglichkeit gibt, das, was sie ausgelöst hat, als schön zu beweisen.

Ein Reden über das konkrete Ereignis des Schönen im Gedicht setzt also immer das Vertrauen voraus, dass die Angesprochenen dieses Ereignis anerkennen. Ein prekäres Gespräch! Und doch wird es immer wieder gewagt, muss es immer wieder gewagt werden. Denn ohne es bliebe auch die gegenseitige Bestätigung der Erfahrung aus. Was nicht zu beweisen ist, kann immer noch gemeinsam bejaht werden.

Aufgrund solchen gemeinsamen Wissens lässt sich dann auch die Frage stellen, wie Schönheit im Gedicht der Moderne gewonnen wird. Es gibt dafür gewiss keine verbindliche Formel, wohl aber sichtbare Bewegungen. Trakl ist dafür ein frühes Beispiel: Was in seinen Texten Schönheit ist, wo in seinen Texten Schönheit sich ereignet, ist sie das Ergebnis einer vorhergehenden Zertrümmerung. Nur im Trümmerstück leuchtet Schönheit hier auf. Das Trümmerstück aber ist nicht bloß eines der Natur, des gelebten Lebens. Es ist nicht ein Splitter der abgespiegelten Welt, so als wäre zuvor die Welt nach alter Weise abgebildet worden, ganz, das Große ins Kleine genau übersetzt, und diese Abbildung dann in Partikel zertrennt. Sondern die Teile, die Trümmer, die Stücke, die in Trakls Gedichten aufleuchten, die sich in seinen Gedichten für einen Moment ansammeln, um gleich wieder flutend durcheinanderzutreiben, auf andere Konstellationen hin, diese Teile sind ihrerseits schon Trümmer älteren Sprechens. In ihnen wird nicht ein Weltpartikel sichtbar, sondern zunächst ein Echo vergangener Dichtung. Die Trümmer haben alle den Charakter von Zitaten, jede Wendung mutet an, als habe man sie schon einmal irgendwo gehört, in alter, großer Poesie. Dieser Eindruck ist nicht davon abhängig, ob sich die einzelne Wendung tatsächlich als Zitat belegen lässt. Er stellt sich auch dort ein, wo es keine Vorläuferschaft gibt. Die Schönheit von Trakls Gedicht entsteht dadurch, dass von einem Feld der Not, des Schreckens, der Qual in den Fetzen einer Sprache gesprochen wird, die einst sich gebildet hat, um als ein Ganzes das schöne Ganze des Kosmos aufzufangen. Diese Fetzen, Stücke, Teile stehen gerade durch ihre Schönheit, besser: durch das Zitat einer älteren, verschwundenen Schönheit, in einem schroff dissonanten Verhältnis zur Lebenswirklichkeit, auf die sie ausgerichtet sind.

Nur so ist beispielsweise Trakls letztes Gedicht, »Grodek«, zu begreifen. Grodek war der Ort der ersten Schlacht, die Trakl im Krieg mitansehen musste. Es sollte die einzige bleiben. Er ertrug es nicht, wollte sich erschießen, wurde interniert und auf seine psychische Verfassung hin beobachtet. In der Zelle setzte er sich die tödliche Überdosis des Rauschgifts, das er immer bei sich trug. Was er in Grodek gesehen hatte, war die grausige Wirklichkeit einer Masse Verstümmelter, die unter Qualen verendeten und ihn bald um Wasser, bald um einen raschen Tod anbettelten. So aber beginnt das Gedicht, das er daraufhin schrieb:

> Am Abend tönen die herbstlichen Wälder
> Von tödlichen Waffen, die goldnen Ebenen
> Und blauen Seen, darüber die Sonne
> Düstrer hinrollt; umfängt die Nacht
> Sterbende Krieger, die wilde Klage
> Ihrer zerbrochenen Münder.[11]

Als reine Beschreibung eines Ereignisses vom September 1914 gelesen, wären die Verse unerträglich. Wer das Zitathafte nicht mithört, dem muss grauen vor solcher Pracht. In unheimlich gewagter Weise geht das Gedicht das Risiko ein, dass die Dissonanz, die es verkörpert, nicht vernommen wird. Der Auftakt arbeitet scheinbar mit einem Gestus der Welteinheit, der aus der Kammhöhe klassisch-romantischer Dichtung stammt: alles klingt ineins, Natur und Menschenwelt, umfängt und ist umfangen. Die feuernden Kanonen und Gewehre, würde das heißen, fügen sich in das lebendige Ganze, und die Farben des Herbstes verbinden sich mit den Farben der Uniformen zu einem schönen Anblick. Auch die Sonne ist da, das alte Siegel der großen Ordnung; und die Nacht, die deren Tag ablöst, »umfängt« – ja, wahrhaftig: »umfängt« – sie, die brüllenden, wimmernden, verröchelnden Soldaten. Mütterlich, als wäre alles gut.

Rücksichtslos muss man sich mit diesem Gedicht auseinandersetzen, um eine Ahnung von der Disfunktionalität der Schönheit in der Lyrik der Moderne zu bekommen. Was hier auf Anhieb skandalisiert, bevor man feststellt, dass es genau um die Differenz zwischen einer freigesetzten Schönheit und ihrem Weltbezug geht, das hat, um ein anderes berühmtes Beispiel zu nennen, an Celans »Todesfuge« viele Leser, und nicht die schlechtesten, bis heute irritiert. Es gibt eine Schönheit im Gedicht des 20. Jahrhunderts, die den Verdacht gegen sich selbst will und herausfordert. Sie wirft ihre eigene Wirklichkeit in eine Welt, mit der sie sich nicht in Einklang bringen kann und der sie doch das Ärgernis ihrer Existenz und Notwendigkeit nicht ersparen will.

Das »Trunkene Schiff« fährt ein

Eine geschlossene Epochenästhetik im Sinne eines entwickelten und verbindlichen Formenkatalogs ergibt sich daraus nicht. Jede lyrische Autorin, jeder lyrische Autor muss das eigene

Verfahren finden, mit dem er dem Vollkommenheitswillen seines Gedichts gerecht wird, ohne der Lüge zu verfallen. Deshalb nimmt sich das Schicksal des sogenannten »hohen Tons« in der Lyrik des 20. Jahrhunderts im Rückblick zunehmend spannender aus. Die Meinung, man könne ihn kurzerhand durch sein Gegenteil, eine nüchterne, unterkühlte, gezielt umgangssprachliche und kalkuliert freche Diktion ersetzen, hat zwar zu einer breiten, populären Produktion geführt, ist aber oft genug dem anthropologischen Desiderat der Zweiten Beute kurzerhand ausgewichen. Bertolt Brecht, der solches Ausweichen auch beherrschte, der ein Artist der Frechheit war, wenn ihm der Sinn danach stand, hat sich vom »hohen Ton« trotzdem nie ganz verabschiedet. In der hoffnungslosesten Zeit der Hitlerherrschaft, im August 1940, als ein deutscher Sieg den andern ablöste und kein Ende, keine Grenze der Nazi-Macht mehr absehbar war – Dänemark, Norwegen, Holland, Belgien in wenigen Monaten besetzt, Paris erobert, die Luftschlacht um England noch nicht entschieden –, befasst sich Brecht nach dem Zeugnis des »Arbeitsjournals« auf einmal mit den zentralsten Fragen der Lyrik. Am 20. August 1940 liest er seine eigene Gedichtsammlung von 1927, die *Hauspostille*, wieder, mit Abscheu und Faszination zugleich vor dem noch wenig klassenkämpferischen Produkt. Dabei kommt er zu einer Diagnose, die *eine* bestimmte Gestalt der Schönheit in der lyrischen Moderne präzis benennt:

> der großteil der gedichte handelt von untergang, und die poesie folgt der zugrunde gehenden gesellschaft auf den grund. die schönheit etabliert sich auf wracks, die fetzen werden delikat. das erhabene wälzt sich im staub, die sinnlosigkeit wird als befreierin begrüßt. der dichter solidarisiert nicht einmal mehr mit sich selber. risus mortis. aber kraftlos ist das nicht.[12]

Dies formuliert nicht eine Poetik der reinen Schnoddrigkeit, sondern eine Poetik der Dissonanz, die den hohen Ton in gezieltem Kontrast einsetzt: »schönheit etabliert sich auf wracks«. Das meint zunächst wohl den Kult der schönen Fäulnis, die zahlreichen Hymnen auf Wasserleichen bei Brecht und Heym und Benn, und es meint sicher auch eine der absoluten Ikonen lyrischer Moderne: Rimbauds »Le Bateau ivre«, »Das trunkene Schiff«. Dieses besoffene Wrack, das in dem gewaltigen Text des siebzehnjährigen Rimbaud ekstatisch spricht und singt, hat einer ganzen Generation deutscher Dichter und gewiss allen Expressionisten die Zunge gelöst. Der Satz »schönheit etabliert sich auf wracks« besitzt indessen seine Geltung weit über den impliziten Verweis auf Rimbaud und das einzelne provokative Motiv. Brecht distanziert sich hier grimmig von seiner eigenen Kunst aus den Jahren, da er sich noch nicht in den Dienst der Weltrevolution gestellt und mehr nach François Villon ausgerichtet hatte als nach Karl Marx. Eine kaputte Kunst, meint er nun, sei das gewesen, etwas wie das verzerrt-erstarrte Lachen im Gesicht eines Toten – risus mortis. Aber er ist doch betroffen von der poetischen Kraft seiner frühen Gedichte, ihrer Freiheit abseits von aller bürgerlichen Moral, ihrer bänkelsängerischen Musikalität. Er verurteilt zwar das Fehlen aller Solidarität mit der unterdrückten Menschheit bei dem jungen Poeten, der er einmal war, aber der Text, in dem er diese Diagnose stellt – das obige Zitat –, ist selbst so energisch geformt, rhythmisiert und bilderstark, dass der Respekt vor der verworfenen Kunst in jedem Wort des strengen Urteils vibriert.

Daher kann man diesen Text auch als eine Beschreibung der Wege lesen, auf denen die Kunst der Moderne nach der Zerstörung des vormodernen Schönheitskanons, dem Hunger nach der Zweiten Beute folgend, zu einer neuen und ganz eigenen Schönheit vorstößt. Einer skandalösen, wüsten Pracht.

Die Zündung dafür war, wie gesagt, Rimbauds »Trunkenes Schiff«, das Hohelied einer Generation, die sich erstmals als eine verlorene begriff, auch wenn das Wort der Exilamerikaner im Paris der 1920er Jahre, »the lost generation«, damals noch nicht bis nach Deutschland gelangt war.

Geschrieben wurde das Gedicht 1871, publiziert erst 1883 durch Rimbauds zeitweiligen Freund und Geliebten Paul Verlaine, in einem Band mit dem legendären Titel »Les Poètes maudits«. Zu dem Zeitpunkt hatte der 29-jährige Rimbaud längst zu dichten aufgehört. Aber von jetzt an fraßen sich diese Verse unaufhaltsam und immer tiefer in das literarische Bewusstsein des Fin de Siècle und der ersten Jahrzehnte des 20. Jahrhunderts ein. Sie nahmen den Sturz ins Chaos vorweg, der mit dem Ersten Weltkrieg begann, und stellten dafür eine Sprache bereit, deren sich nun viele Poeten bedienten. Stefan Zweig beschrieb 1921 im Vorwort zur damals bekanntesten und wirkungsvollsten Rimbaud-Übersetzung von K. L. Ammer die Sprache des »Trunkenen Schiffs«:

> Und wie die rote Fahne der Anarchie weht über der französischen Lyrik sein ewiges Gedicht ›Le bateau ivre‹, die große Revolte der Farben, der Sieg der entfesselten Sinne. Das ist ein flutender Katarakt ineinandergischtender Bilder, ein kochender Abgrund, in den diese Erkenntnisse aus apokalyptischen Himmeln gestürzt zu sein scheinen; eine Vision, deren Sinn man erst nachträglich aufspürt; zuerst taumelt man hin unter den Keulenschlägen der Bilder.[13]

Dieser emphatische Satz ist ein historisches Zeugnis für die Magie, die im Deutschland jener Jahre von Rimbaud und insbesondere diesem Gedicht ausging. Drei Strophen daraus, die zwölfte bis vierzehnte, sollen als Beispiel dienen.

J'ai heurté, savez-vous, d'incroyables Florides
Mêlant aux fleurs des yeux de panthères à peaux
D'hommes! Des arcs-en-ciel tendus comme des brides
Sous l'horizon des mers, à de glauques troupeaux!

J'ai vu fermenter les marais énormes, nasses
Où pourrit dans les joncs tout un Léviathan!
Des écroulements d'eaux au milieu des bonaces,
Et les lointains vers les gouffres cataractants!

Glaciers, soleils d'argent, flot nacreux, cieux de braises!
Échouages hideux au fond des golfes bruns
Où les serpents géants dévorés des punaises
Choient, des arbres tordus, avec des noirs parfums![14]

Die Not und Verwegenheit, so etwas überhaupt zu übersetzen, zeigt sich am besten an den zwei berühmtesten Unternehmen, jenem von K. L. Ammer (Pseudonym für Karl Klammer) und Jahrzehnte später von Paul Celan. So der Text, den Brecht und die Expressionisten vor sich hatten:

Wißt ihr, ich kam in unglaubliche Länder,
Wo Pantheraugen aus den Blumen glühn,
Regenbogen auf Menschenleibern wie Bänder,
und unter den Wogen meergrüne Herden ziehn.

Sah Sümpfe, ganz endlose Netze, gären,
mit faulenden Urtieren auf dem Binsengrund,
sah Wetterstürze das Land verheeren,
sah Erdreich versinken im Meeresschlund.

Sah silberne Sonnen, sah Gletscher, sah Himmel wie Glut,
sah Wracke in dunkelnden Buchten versenkt,
wo Riesenschlangen, zerfressen von Wanzenbrut,
von Bäumen fallen, die schwarzer Gestank durchtränkt.[15]

Rimbaud hat sein Gedicht in strengen Alexandrinern gebaut, jeder Vers sechs Hebungen mit einer Zäsur in der Mitte. Ammer berücksichtigt, dass sich die deutsche Literatur vom Alexandriner, der in Frankreich auch der klassische Dramenvers ist, schon im 18. Jahrhundert verabschiedet hat. Seine Übersetzung hält zwar an den Strophen und auch an den Reimen fest, die Starrheit der Alexandriner aber ersetzt sie durch weitgehend freie Rhythmen. Dies hat sich direkt auf die Gedichte Brechts ausgewirkt, in denen er in der »Hauspostille« die Klänge und Motive des »Trunkenen Schiffs« variiert und weiterführt.

Dass Celan seine Übersetzung dann doch wieder der Zucht der Alexandriner unterwirft (nur die Zäsur entschärft er durch eine zusätzliche unbetonte Silbe), ist zunächst irritierend. Geht die wilde Freiheit des ziellos durch alle Meere fahrenden Wracks mit solcher Disziplin wirklich zusammen? Was wäre herausgekommen, wenn dieser Autor auf beides verzichtet hätte, das feste Metrum und den Reimzwang? Aber man kann nicht bestreiten, dass schon bei Rimbaud die feste Form in einer dramatischen Spannung steht zur tobenden Anarchie des Inhalts, zu ihrer Paarung des Schönen mit dem Scheußlichen. So die drei Strophen bei Celan:

> Wißt ihr, ich lief auf Land auf, wie ihrs nicht schaut
> im Traume:
> Des Menschenpanthers Augen – den Blumen beigesellt!
> Ich sah im weitgespannten, im Regenbogenzaume
> Flutgrün die Herde ziehen am Grund der Meereswelt.
>
> Ich sah, wie's in den Sümpfen, den Riesenreusen, gärte,
> darin den Leviathan, verwesend zwischen Tang.
> Und Wasserstürze sah ich, wo sich die Stille mehrte,
> und schaute, wie die Ferne zur Tiefe niedersank!

Sah Gletscher, Silbersonnen, Gluthimmel, Perlmuttfluten,
den braunen Golf, wo greulich ein Wrack beim andern steht,
und sah die Riesenschlange, ein Fraß der Wanzenbruten,
vom Krüppelbaume fallen, von schwarzem Duft umweht.[16]

In nur drei Tagen, Ende Juli 1957, hat Celan das riesige Gedicht in einem schöpferischen Sturmlauf übersetzt. Brecht, dem es einst die Zunge gelöst und der auf diesen Vorgang später so skeptisch-staunend zurückgeblickt hatte, war ein Jahr zuvor gestorben. Die neue, rasch bekannte und bewunderte Übertragung deklarierte Rimbauds unbändigen Gesang zu einem poetischen Fanal auch für die Nachkriegsmoderne. Diese bekannte sich damit zu ihrer Herkunft aus den großen Durchbrüchen der poetischen Avantgarden des frühen 20. Jahrhunderts, nachdem die Erinnerung daran in der kulturellen Katastrophe der Hitlerzeit verboten und verschüttet worden war. In ähnlicher Weise beschworen damals die jungen Wiener Autoren ihre Vorgänger aus der Dada-Bewegung und richteten deren Sprach- und Klanglabor wieder ein.

Brecht schafft Ordnung in der Lyrik

Zwei Tage nach dem zitierten Text über seine »Hauspostille«, am 22. August 1940, hielt Brecht in seinem Arbeitsjournal eine Überlegung fest, die zu seinen bedeutendsten Äußerungen zur Lyrik überhaupt gehört. Jetzt thematisiert er explizit den Hohen Ton, thematisiert dessen Geschichte im 19. und 20. Jahrhundert. »Welch ein Abstieg!« ruft er im Blick auf die »Entwicklung der Lyrik« aus:

> welch ein abstieg! sofort nach GOETHE zerfällt die schöne widersprüchliche einheit, und HEINE nimmt die völlig pro-

fane, HÖLDERLIN die völlig pontifikale linie. in der ersten linie verlottert die sprache in der folge immer mehr, da die natürlichkeit durch kleine verstösse gegen die form erreicht werden soll. ausserdem ist die witzigkeit immer ziemlich unverantwortlich [...], der ausdruck wird mehr oder weniger schematisch, die spannung zwischen den wörtern verschwindet, überhaupt wird die wortwahl, vom lyrischen standpunkt aus betrachtet, unachtsam [...]. die pontifikale linie wird bei GEORGE unter der maske der verachtung der politik ganz offen konterrevolutionär [...]. GEORGE ist unsinnlich und setzt dafür verfeinerten kulinarismus. auch KARL KRAUS, der repräsentant der zweiten linie, ist unsinnlich, weil rein spirituell. die einseitigkeit beider linien macht eine beurteilung immer schwieriger.[17]

Das Modell ist schlicht und brauchbar. Die Terminologie ist glänzend. Die »pontifikale Linie«, die sich vom *Pontifex maximus* her benennt, einst der Name für den obersten Priester im alten Rom, dann der Name für die römischen Kaiser, dann und bis heute der Name für den Papst, ist ja tatsächlich seit Hölderlin geprägt vom Priester- und Prophetenbewusstsein der zugehörigen Dichter. Das geht zwar in der bürgerlichen Epoche, zwischen Goethes Tod und den 1880er Jahren, stark zurück, lebt aber doch versteckt weiter, tief verpuppt wie bei Mörike, der beliebte Biedermeier-Verse schreibt – aber dazwischen entsteht unverhofft, wie ein Nachtgewitter über dem Neckartal, »Erinna an Sappho«, eines der Mörike-Gedichte, die neben Hölderlin mühelos bestehen. Mit George und Hofmannsthal – und Borchardt etwas später und Weinheber etc. – wird dann die Inszenierung der Pontifikalität wieder zum weithin sichtbaren Ereignis im Feld der deutschen Lyrik. Dass Brecht neben George nur Karl Kraus erwähnt, zeigt weniger seine Gleichgültigkeit etwa Hofmannsthal gegenüber als seine Einsicht in die

Bedeutung des Lyrikers Kraus. Diese stand auch für Walter Benjamin noch selbstverständlich fest; heute erscheint sie als fernes Gerücht. Wobei sich Brechts Respekt allerdings mit seiner These vom Zerfall der deutschen Lyrik in zwei getrennte Linien verbindet, die nur in einer »widersprüchlichen Einheit« die Fülle ihrer Möglichkeiten hätten erreichen können.

Aufschlussreich an Brechts literaturhistorischer Skizze ist insbesondere die Bestimmung seiner selbst, die sich darin versteckt. Bei Goethe, erklärt er, gab es noch keine Scheidung zwischen einem pontifikalen und einem profanen Verfahren, zwischen der hohen Arie und dem frechen Chanson, zwischen dem Dichter als Propheten, Poeta vates, und dem Dichter als ungescheutem Kritiker der zeitgenössischen Politik und Gesellschaft. Bei Goethe, erklärt er, könne jedes Gedicht noch an beiden Dimensionen partizipieren. Der plebejische, derbe Einschlag begleitet den gewaltigen Aufschwung; eine Tonart spiegelt sich in der andern. So hört man es ja zur gleichen Zeit auch in Mozarts Musik. Wenn Brecht nun diese »schöne widersprüchliche einheit« bei Goethe anerkennt und nach ihm, wie ein Kulturkonservativer aus der Gundolf-Schule, nur noch den »abstieg« sieht – mit deutlicher Spitze gegen Heine übrigens –, dann verbirgt diese Diagnose sein eigenes Programm. Der große Lyriker B. B. kann das nicht hinschreiben, ohne sich selbst in dem Aufriss zu lokalisieren. Und sobald man fragt, wie er sich denn darin lokalisiere, wird deutlich: Es kann nur so geschehen, dass er selbst die verlorene »schöne widersprüchliche einheit« wieder sucht und vielleicht auch zuschreibt.

Das kann man nun beim Wort nehmen und Brecht daraufhin lesen. Und da zeigt es sich rasch, wie sehr der große Lyriker B. B. aus genau dieser poetologischen Voraussetzung heraus arbeitet. Er gewinnt die Momente eines gültigen hohen Tons immer wieder aus der gleichzeitigen Gegenwart der »profanen« Diktion, aus einer vitalen Spannung zwischen den beiden. In jenen Texten, mit denen er im Weltjahrhundert neben den Duineser Elegien und Ezra Pounds »Cantos«, neben »The Waste Land« und Mandelstam und Zwetajewa steht, beben seine Verse von der Widersprüchlichkeit dieser Einheit. So etwa in den Strophen 6, 7 und 8 des Gesangs »Vom armen B. B.«. Da kann man sehr genau die Bewegung des Aufschwungs studieren, das Pathos der großen Geste, haarscharf herangeführt an den Rand des Preziösen, das Crescendo vom Profanen zum Pontifikalen und das Kappen der Kurve, just bevor sie theatralisch wird:

6

Gegen Morgen in der grauen Frühe pissen die Tannen
Und ihr Ungeziefer, die Vögel, fängt an zu schrein.
Um die Stunde trink ich mein Glas in der Stadt aus
und schmeiße
Den Tabakstummel weg und schlafe beunruhigt ein.

7

Wir sind gesessen ein leichtes Geschlechte
In Häusern, die für unzerstörbar galten
(So haben wir gebaut die langen Gehäuse des Eilands
Manhattan
Und die dünnen Antennen, die das Atlantische Meer
unterhalten).

8

Von diesen Städten wird bleiben: der durch sie
hindurchging,
der Wind!

Fröhlich machet das Haus den Esser: er leert es.
Wir wissen, dass wir Vorläufige sind
Und nach uns wird kommen: nichts Nennenswertes.[18]

Was Brecht aber gemeint haben dürfte, wenn er die Vertreter der zweiten Linie in seiner Zeit »unsinnlich« nennt, geht einigermaßen drastisch aus dem folgenden Gedicht hervor, das fast ein Sonett ist und zweifellos als solches begonnen wurde, dann aber die Sonettform kokett versteckt hinter einer symmetrischen Gestalt, die es so nur einmal gibt und die in ihrer Zweiteilung sowohl die Balance von Fleischlichkeit und Denken wie von niederem und hohem Ton vor Augen rückt. Es ist ein Gedicht, das in den Versen 11 und 12 eine blendende Sekunde der Schönheit gewinnt, indem es, »wie einst«, die Geliebte im Augenblick der höchsten Schönheit einfängt, sie hereinholt ins Gedicht, wo sie dann, im Schwung ihres langen Rocks, auf immer »durch Kolchis Gassen« geht:

Empfehlung eines langen, weiten Rocks

Und wähl den bäuerlichen weiten Rock
Bei dem ich listig auf die Länge dränge:
Ihn aufzuheben in der ganzen Länge
An Schenkeln hoch und Hintern, gibt den Schock.

Und wenn du hockst auf unsrer Ottomane
Lass ihn verrutschen, dass in seinem Schatten

Durch den Tabakrauch wichtiger Debatten
Dein Fleisch mich an die gute Nacht gemahne.

Doch sind es nicht nur niedrige Gelüste
Die mich nach solchem Rocke schreien lassen:

Du gehst drin schön, wie einst durch Kolchis Gassen
Medea, als den Korb sie meerwärts trug. –
Doch wenn ich keine andern Gründe wüsste:
Wähl solchen Rock! Die niedern sind genug.[19]

Man kann gerade aus diesem Gedicht ersehen, wie wenig selbstverständlich die »schöne widersprüchliche einheit« der lyrischen Rede für Brecht ist. Sie wird ihm nicht geschenkt, wie sie Goethe in den *Römischen Elegien* noch geschenkt wurde, geschenkt im Sinne Schillers und seiner Theorie des von den Göttern gesegneten »naiven Dichters«. Brechts profane Pontifikalität ist »sentimentalisch«, geprägt vom Bewusstsein der Unwiederbringlichkeit des Einfachen und Unmittelbaren. Er nimmt den Schönheitswillen des Gedichts leidenschaftlich ernst und weiß, dass er ihn nur über die Erinnerung, über den Hauch des Zitats erfüllen kann. Gerade daran aber zeigt sich, wie heikel ein hohes lyrisches Sprechen ist, das so tut, als könnte man jederzeit ganz selbstverständlich wieder anschließen an fernabliegende erlauchte Traditionen. Die Verlotterung der Pontifikalität etwa beim Weinheber der Nazi-Zeit und im seifigen Hölderlinisieren so vieler anderer in jenen Jahren hat den hohen Ton dem radikalen Verdacht ausgesetzt und diffamiert. Umso spannender erscheint es heute, da auch die profane Linie weithin Routine geworden ist, zu beobachten, wie er sich an den Rändern erhält und plötzlich, wie ein ausgetreten geglaubtes Feuer, irgendwo aufzüngelt.

Die falsche Pontifikalität und Celans Antwort

Der Vorgang ist gefährlich. Sobald der Dichter ihm vertraut, sobald er meint, er könne nun wieder über den mächtigen Ton verfügen wie einst Klopstock oder Hölderlin, verfault er ihm unter den Händen, wird schwül und klebrig. Dies ist schon die Tragik Georges. Er meint die Schönheit zu regieren und verdirbt sie eigenhändig, nachdem sie ihm aufgeblüht ist, aufgebrochen über Nacht wie eine Datura, die Blume mit der halluzinogenen Wirkung, in den unglaublichen Versen, mit denen viele seiner Gedichte beginnen:

> Steigst du noch mit wirrem haare
> Durch verbotene bezirke?[20]

Oder:

> Lässt solch ein schmerz sich nieten
> Und solch ein hauch und solch ein licht?[21]

Oder:

> Horch was die dumpfe erde spricht:
> Du frei wie vogel oder fisch –
> Worin du hängst · das weisst du nicht.[22]

Oder:

> Des jahres wilde glorie durchläuft
> Der trübe sinn der mittags sich verlor
> In einem walde[23]

Es gibt nur wenige Gedichte, in denen George nicht die aufgebrochene Schönheit überleitet in eine Schönheit, der er befiehlt und die sich dabei von einem zeitlosen Klang ins nur noch Zeitgemäße verwandelt, in einen steilen Jugendstil.

Ähnlich kann es dem Leser mit Rudolf Borchardt gehen, wenn dieser sich im Gedicht selbst als einer andern Menschenart, einer andern Poetenart zugehörig bestimmt und deshalb für fähig und berechtigt erklärt zu einer antiken Grandeur des dichterischen Redens und Strophensetzens. In der »Ode mit dem Granatapfel«, die dem Freund Rudolf Alexander Schröder gewidmet ist, behandelt er sich und den Angesprochenen als antike Gestalten, die nicht leben und handeln wie die Gewöhnlichen. Diese nämlich setzen Anfang November, wenn man an die Toten denkt, Blumen und Kerzen auf die Gräber: »nichts als alternde Blumen, nichts als Bettlerlicht«. Er aber will einen kultischen Akt altgriechischer Prägung und will ihn auch dem Freund ermöglichen. Er pflückt und schenkt einen Granatapfel, die Hadesfrucht, die Persephone einst in der Unterwelt gebrochen und gekostet hat und die sie deshalb auf immer an das Totenreich bindet. Und um die Jahreszeit zu bestimmen, spricht er astronomisch vom Tag, da das Sternbild des Orion nachts wieder im Osten aufgeht. (Eine etwas verschwommene Angabe, denn Orion geht nicht eines Nachts plötzlich wieder auf, in ganzer Größe.)

Der Gedichtanfang ist aufschlussreich, weil er zwei Totenrituale, ein antikes und ein christlich-bürgerliches, parallel setzt zu zwei Kulturen und zu zwei Gestalten des Schreibens und Dichtens. Borchardt und Schröder, deutsche Fürsten griechischer Klänge, reden zueinander in dem feierlichen Ton, der den Gewöhnlichen versagt ist und versagt bleiben soll. Pontifikal. Wäre nicht diese Verachtung für die gewöhnlichen Menschen und für die Gegenwart, wäre der Wahn nicht, aus der eigenen Zeit in einen Raum der ewigen Werte, einer absoluten Sprache und einer kosmischen Zeit austreten zu können, so würde die stupende Sprachkraft des Autors wohl etwas von der »schönen widersprüchlichen einheit« des Profanen und des Pontifikalen gewinnen, die Brecht als verloren gemeldet hat. So aber wird alles Profane rituell verdammt, die »einheit« gerade nicht gesucht, und das Gedicht verharrt in einer wächsernen Exklusivität.

Diese Frucht der Persephoneia, Gastfreund,
Schont ich dir und mir in Gedanken herbstlang –
Dir und mir vor Nacht, da das erstemal Orion im Osten

Groß mit Hunden hinter dem Jahr heraufkommt,
Brach ich heut die zeitige Last: nicht klagend,
Wohl nicht klagend; aber der alten Totenklage gedenkend.

Wenn das Fest ist, dies da man ihrer andenkt
Ihnen nichts als alternde Blumen, nichts als
Bettlerlicht auf Knieen ins unbegrenzte Dunkel hinabreicht,

Dann nicht ohn ein reiferes Zeichen sollst du,
Ohn ein Opfer, das dir gemäßer sei, nicht
Stehn und suchen: Nimm den geheimnisvollen Apfel
des Hades.

[…][24]

Das muss man nun den vier Zeilen gegenüberstellen, mit denen Paul Celan in der »Atemwende« die ungebrochene Rede hoher Poesie für eine beklemmende Sekunde ertönen lässt:

(ICH KENNE DICH, du bist die tief Gebeugte,
ich, der Durchbohrte, bin dir untertan.
Wo flammt ein Wort, das für uns beide zeugte?
Du – ganz, ganz wirklich. Ich – ganz Wahn.)[25]

Die Klammern sind das klagende Zeichen dafür, dass diese Sprache nicht mehr ohne Vorbehalt möglich oder berechtigt ist. Sie ist keine Gestalt des dichterischen Ausdrucks, die jedem zur Verfügung steht, der sie gelernt hat, sich angelesen hat und nun beherrscht. Gleichzeitig aber geben die vier Zeilen zu verstehen, dass das, was sie sagen, anders auch nicht zu vermitteln ist. Sie sagen, was so nicht gesagt werden kann. Sie heben sich im Vollzug des Redens selbst wieder auf. Oder, mit einem Leitbegriff dieser Überlegungen, sie treten freiwillig unter den Verdacht. Die Klammern meinen: Wenn es denn möglich und erlaubt wäre, so zu reden, dann wäre es dies, was ausgesprochen werden müsste. Gerade indem das Gedicht sich durch die Klammern einsperrt, setzt es das Potenzial der authentisch pontifikalen Rede noch einmal frei, umgekehrt zu Borchardt, der dieses Potenzial einsperrt, indem er es sich und seinen erlauchten Freunden frei zuspricht.

Vielleicht muss man die Strophe Celans zusammensehen mit den Schlusszeilen von »SINGBARER REST«, einem Gedicht, das im Band *Atemwende* nur wenige Seiten später folgt. Dort heißt es:

– Entmündigte Lippe, melde,
daß etwas geschieht, noch immer,
unweit von dir.[26]

Da kurz vorher das Wort, die Metapher »Herztrabant« fällt, darf die Wendung »unweit von dir« – also: unweit von der entmündigten Lippe – auf das Herz bezogen werden. Wir stehen damit wiederum vor dem Paradox, welches im vorhergehenden Gedicht durch die Klammern entstand: Die Lippe ist im wörtlichen Sinne ent-mündigt, sie hat die Selbständigkeit, die Freiheit ihrer Rede verloren, ihr ist der Mund abhandengekommen. Trotzdem aber erhält sie den Befehl zu melden, Nachricht zu geben, dass etwas geschieht im Herzen, dass gefühlt wird, erkannt wird, dass Liebe und Hass und Trauer sich ereignen. Sie wollen laut werden, gesagt und vernommen werden, denn sie sind »ganz, ganz wirklich« wie die »tief Gebeugte« im Klammergedicht.

Diesem widersprüchlichen Befehl, sprachlos zu sprechen, als Meldeläufer ohne Botschaft oder als Botschaft ohne Meldeläufer trotzdem am Ziel anzukommen, gehorchen alle Gedichte Celans. Der Verdacht gegenüber der lyrischen Sprache wird bei ihm zu einem Verbot, das zugleich Befehl ist: »Entmündigte Lippe, melde!« In diesem »melde« haust ein alter Gestus hoher Rede. Ein Echo des Spruchs auf dem Denkstein für die Gefallenen von Thermopylae ist zu vernehmen: »melde dorten ...!«, oder aus den Todesreden Othellos und Hamlets: »meldet von mir ...!« Diese Meldung kann das Gedicht nur leisten, indem es sich der Botschaft und dem Sprechverbot zugleich aussetzt. Indem es durchwettert wird von dem, was »geschieht, noch immer«, und das Schweigenmüssen darüber zum Wort bringt.

Das Klammergedicht fasst die Wirklichkeit, von der sprachlos zu reden wäre, unter das Bild der Pietà, der Schmerzensmutter, die den durchbohrten Sohn im Schoß hält und sich über ihn beugt. Wirklich über alles ist die leidende Frau, ist die Mutter und der Schmerz der Mutter. Ihr ist der Sohn »untertan«, er steht und fühlt sich unbedingt in ihrem Dienst, in der Pflicht, diese Wirklichkeit zu nennen, auszusprechen, zu melden. Aber er ist selbst durchbohrt, nicht als Gott, der in drei Tagen wieder auferstehen wird, sondern als ein rettungslos Gezeichneter. Er kann von ihr nur reden, wenn er auch sich selbst nennt, sein Gezeichnetsein, die Entmündigung seiner Lippen. Und nur indem er nach dem Wort fragt, das sich dafür eignen würde, nur indem er das Wort nennt als ein nicht besessenes, kann er melden, dass er melden müsste. Nur noch die Frage ist möglich: »Wo flammt ein Wort, das für uns beide zeugte?« So sehr hat der Verdacht die Sprache angefressen, hat sie zersetzt, die doch einst »ganz, ganz wirklich« war. Denn wie bei Else Lasker-Schüler ist auch bei Celan die Mutter, die konkrete, geliebte, verlorene Mutter, von der Sprache, der konkreten Sprache des Gedichts, nicht zu trennen. Schreibend meldet Celans Gedicht den Verlust der Mutter und der Sprache, der einst ohne Klammern klar und weithin erschallenden Sprache, und den Verlust meldend gewinnt er beides zurück, in einer unwirklichen Weise allerdings, »ganz Wahn«. Und doch ist so das Abwesende anwesend, ist das Ungesagte gesagt.

Das wunde Wunder

Es gibt auf der höchsten Ebene der Lyrik dieses Jahrhunderts ein Gegenüber zweier Gedichte, die, 50 Jahre auseinanderliegend, Möglichkeit und Unmöglichkeit lyrischen Sprechens dramatisch zum Ausdruck bringen und zwar so, dass das spätere Gedicht nur zur Sprache gelangen kann als Gegenstrophe zum früheren. Das eine, von Stefan George, erstmals gedruckt 1919, ist durch Heideggers Deutung berühmt geworden, das andere, von Paul Celan, steht in jenem Gedichtband, *Lichtzwang* von 1970, in dem sich auch Celans Gedicht über seinen viel verhandelten Besuch bei Heidegger findet, »TODTNAUBERG«. Sie sollen hier gleich aufeinanderfolgen. Wenn man die Verbindung zwischen ihnen einmal erkannt hat, wird der Vergleich zum abenteuerlichen Studium der Metamorphose eines George-Gedichts in eines von Celan.

DAS WORT

Wunder von ferne oder traum
Bracht ich an meines landes saum

Und harrte bis die graue norn
Den namen fand in ihrem born –

Drauf konnt ichs greifen dicht und stark
Nun blüht und glänzt es durch die mark …

Einst langt ich an nach guter fahrt
Mit einem kleinod reich und zart

Sie suchte lang und gab mir kund:
›So schläft hier nichts auf tiefem grund‹

Worauf es meiner hand entrann
Und nie mein land den schatz gewann …

So lernt ich traurig den verzicht:
Kein ding sei wo das wort gebricht.[27]

FAHLSTIMMIG, aus
der Tiefe geschunden:
kein Wort, kein Ding,
und beider einziger Name,

fallgerecht in dir,
fluggerecht in dir,

wunder Gewinn
einer Welt.[28]

Celan baut sein Gedicht mit den Wörtern Georges. Außer der Mittelstrophe sowie dem ersten Wort »FAHLSTIMMIG« und dem letzten Wort Welt finden sich alle wesentlichen Sprachelemente auch im älteren Text. »Tiefe«, »Wort«, »Ding«, »Name«, »Wunder«, »Gewinn« – die hier aufgezählten Substantive, die das Celan-Gedicht prägen, sind eine Art von sprachlichen Wiedergängern und beschwören als solche das Gedicht Georges vor Augen und Ohren eines jeden, der dieses einmal gehört und ungefähr in Erinnerung behalten hat. Dabei ereignet sich allerdings die schockhafte Sinnverwandlung des phonetisch identischen Wortes »Wunder« zu »wunder Gewinn«. Georges »Wunder«, die programmatische Auftakt-Vokabel, die einen Schatz, ein Kleinod meint, aber auch mit der Bedeutung des Mirakels spielt, dieses Wunder wird bei Celan, im nur graphisch veränderten Gleichklang, zum radikalen Gegenteil: zur Wunde. Solcher Verschiebung entspricht das Gegenüber von »finden« und »schinden«: Wenn bei George der Name in der Tiefe gefunden wird, wird er bei Celan »aus der Tiefe geschunden«. »Schinden« meint eine schwere Verletzung, ein Abreißen der lebendigen Haut, Wunde also auch da. Andererseits taucht die Wendung »kein Ding« hier wie dort semantisch unverändert auf. Wie weit die mythische Vorstellung von der »grauen norn«, einer Parze oder Schicksalsgöttin, auf das Wort »fahlstimmig« zu beziehen ist und die räumlichen Begriffe »land« und »mark« mit dem Begriff »Welt« korrespondieren, lässt sich nicht entscheiden. In der Erfahrung des neuen Textes vor dem Hintergrund des alten rücken diese Größen nebeneinander. Man mag im »Fahlstimmigen« aber auch die Umwendung des »Blühenden« und »Glänzenden« sehen. Die optische Metapher steht bei George für das akustische Wort, die Stimme; so kann die fahle Stimme bei Celan polemisch auf das optisch Lichtvolle des Vortextes antworten.

In dieser Art, muss man schließen, stehen sich die beiden Dichter selbst gegenüber, identisch und verkehrt wie die zwei Könige auf der Spielkarte. Celan bekennt sich zum Rang Georges, stellt sich ihm gleich und tritt doch in den äußersten Gegensatz.

George inszeniert die Sprache als Mythos. Sie ist in ihrer reinen, unverstellten Gestalt anwesend im tiefen Brunnen, vor dem die weibliche Gottheit sitzt. Diese holt dem Dichter, der mit einer namenlosen Erfahrung zu ihr kommt, dafür das reine, unverstellte Wort herauf und schenkt es ihm. Jetzt ist die Erfahrung Sprache geworden und überhaupt erst wirklich, wirklich für alle. Das Wort selbst ist unzerstörbar gegeben, alterslos. Es »schläft« in der Tiefe, nicht aber kann ihm dort etwas geschehen. Keine Geschichte berührt es. Wenn ein Dichter scheitert, dann scheitert er an der Gottheit, die ihn abweist, oder am begrenzten Vorrat der Sprache. Es gibt eine Summe der »Namen«, und wo eine Erfahrung darüber hinausgeht, wo der Name fehlt, endet die Möglichkeit der Dichtung. Wort und Sprache sind in diesem mythischen Entwurf substanzielle Gegebenheiten, wirklich und greifbar wie die Naturdinge, wie die ewigen Elemente des Kosmos.

Celan dagegen vergegenwärtigt die Sprache vom lebendigen Körper aus. Dem gewonnenen Wunder Georges wird schroff ein wunder Gewinn entgegengehalten. Der Laut des Gedichts, die Wirklichkeit seiner Sprache, ist dem geschundenen, geschändeten Leib abgewonnen. Schinden bedeutet in einem weiteren Sinn das Quälen von Menschen überhaupt. Aus dem Raum des verletzten Körpers und der gefolterten Menschen hebt sich die poetische Rede. Sie ist fahlstimmig, kennt keine Selbstverständlichkeit von Glanz und Pracht, aber sie ist dennoch »Gewinn«, »Gewinn einer Welt«. Mit dieser emphatischen Aussage am Schluss behauptet Celan die Äquivalenz seiner Poesie mit jener, die bei George »durch die Mark glänzt«, und er stellt diese letztere zugleich unter den Verdacht. Es ist der Verdacht eines falschen Mythos, der das Wort sowohl von der Geschichte wie vom leidenden Leib abrückt und als gegeben erklärt, wandellos wie die platonische Idee.

Wenn man die Raumvorstellung in den Celan-Zeilen betrachtet und mit jener bei George vergleicht, zeigt sich hier wie dort das Bild eines tiefen Schachtes, der mit der Genese der poetischen Verlautung verbunden ist. Aber was bei George der mythische Brunnen ist, ein Anklang wohl an die griechische Legende vom kastalischen Quell, der jeden zum Dichter und zum Seher macht, wenn er daraus trinkt, das ist bei Celan eine Tiefe in der leibhaftigen Person. Er kann die poetische Sprache nur aus sich selbst gewinnen. Sie steht ihm nirgendwo als sicheres Gut zur Verfügung. Sie ist »fluggerecht« wie »fallgerecht«, das heißt, sie fliegt ihm aus dem Abgrund seiner Existenz entgegen oder fällt vor seinen Augen unerreichbar dorthin zurück.

Aus der Tiefe des geschändeten Menschen kann der Laut gewonnen werden, schindend erlangt, jener »Name«, der »eine Welt« ist. Nicht bedeutet, sondern ist. Dieser »Gewinn« ist ausdrücklich »kein Wort« und »kein Ding«, aber, wie es heißt, der »einzige Name« für beide. Das ist schwierig. Wie kann es denn einen Namen geben, der kein Wort wäre?

Die Antwort ergibt sich allein aus dem Widerspiel von Celans Gedicht zum George-Text. Was abgelehnt wird, ist dessen »Wort«. Wenn Celan sagt: »kein Wort«, zitiert er das Wort »Wort«, so wie es in dem andern Gedicht erscheint und Sinn setzt. Falschen Sinn, meint Celans Gedicht. Georges Metaphysik des absolut gegebenen Wortes, das als ewige Essenz auch die Bedingung der kurzfristigen Existenz jedes konkreten Dings sein will, wird widerlegt durch die Gegentheorie, wonach das wahre Wort, der »einzige Name«, immer neu und einmalig entsteht aus dem je einmaligen Moment körperhafter Existenz heraus, aus deren Tiefe, aus deren Verbindung zu den Müttern, zur ermordeten Mutter. Gegen das in der Geschichte verdorbene, durch das Böse vergiftete, durch das Umlügen der Schandtaten verwüstete Wort erhebt sich – paradox, unmöglich, widersinnig – das Gedicht, Verse trotz allem in deutscher Sprache.

VI. Hermetik

Unverständlichkeit als Gericht

Nicht nur aus dem Verdacht also entstehen Celans Gegengedichte, sondern aus einem Gericht. In ihrem eigenen Vollzug müssen sie stets neu das falsche Gedicht vernichten, jenes »Genicht«, wie er es einmal nennt, ebenfalls im Band *Atemwende*:

WEGGEBEIZT vom
Strahlenwind deiner Sprache
das bunte Gerede des An-
erlebten – das hundert-
züngige Mein-
gedicht, das Genicht.[1]

Sichtbar zerschnitten wird da vor unseren Augen das verkehrte Gerede. Dreimal nacheinander fährt der Trennungsstrich im Zeilenwechsel durch die drei Wörter, mit denen dieses bezeichnet wird. Dann fällt das Urteil: »Genicht«. Wie im Wechsel von »gefunden« zu »geschunden« markiert die Differenz eines einzigen Lauts – von »Gedicht« zu »Genicht« – den Sprung in ein anderes Sprechen.

Der Blick auf Celans Gegenstrophen zu George zeigt, dass dieser Sprung innerhalb der Moderne geschieht. Die Kluft, die sich hier öffnet, ist mindestens so radikal wie jene, die sich auftat, als Georges schwarzer Garten das gesamte Blumen- und Sommerglück der vormodernen Lyrik auf einmal ins historische Abseits verwies. Der Verdacht gegen die trügerische Schönheit im Gedicht ist also nicht an die offiziellen literarischen Epochengrenzen gebunden. Dennoch ist er von Geschichte, von geschichtlichen Prozessen nicht zu trennen. Schon bei Heines

Verdikt gegen die klassisch-romantische Poesie war die historische Grundlage des Vorgangs nicht innerästhetisch, nicht die epochale Selbstbewegung der Kunst. Vielmehr entsprang die Aktion aus dem Riss, der 1830 mit der Juli-Revolution zu Paris unverhofft durch die kontinentale Lähmung, das befohlene Biedermeierglück der europäischen Restauration gelaufen war. Wenn die Schönheit der vollkommenen Gedichte vom Gang der Geschichte nicht angefressen wird, wenn sie auf eine nie ganz erklärliche Weise sich darin hält, *aere perennius* tatsächlich, so ist doch die wechselvolle Dramatik des Verdachts gegen das Gedicht entschieden an historische Prozesse gebunden. Stets hat der Verdacht einen moralischen Einschlag. Moral aber ist von ihrer Epoche nicht zu trennen. Sie korrespondiert mit der Gestalt von deren Macht, und die Dynamik der Macht ist der innerste Beweggrund aller Geschichte, aller historischen Prozesse und Verschiebungen.

Wenn Celans Gedicht sich in die Unverständlichkeit wirft, geschieht es um der Rettung des Wortes willen. Man spricht dabei vom hermetischen Gedicht und von Hermetismus. Der spezifische Hermetismus der deutschen Lyrik nach der Hitlerzeit, ihren Verbrechen und ihrem Krieg, entsprang der Überzeugung, dass in jener Zeit auch die deutsche Sprache solche Verwüstungen erlitten habe, dass jetzt nur noch in einem Deutsch gedichtet werden könne, welches davon gänzlich unberührt geblieben sei. Das aber ist nur möglich, wenn die Sprache anders ist, nicht mehr selbstverständlich, sondern von den Leserinnen und Lesern – paradox genug – ein Verstehen des Unverständlichen verlangt. Paul Celan war der Dichter, der diese Verschlossenheit, diese Hermetik der unbeschädigten Sprache am konsequentesten verwirklicht hat. Deutsch war die Sprache, die ihn seine geliebte Mutter einst gelehrt hatte. Diese Mutter wurde in einem Arbeitslager von der deutschen SS ermordet. Das Deutsch seiner Mutter blieb die

Sprache des Lyrikers Celan, aber er musste damit fertigwerden, dass Deutsch auch die Sprache ihrer Mörder und der Mörder der europäischen Juden war. So rang er denn als Dichter sein Leben lang um ein Deutsch, das die Sprache seiner Mutter, aber nicht die Sprache ihrer Mörder war. Er fand es in der versiegelten Rede seiner Verse.

Diese zwei Sprachen, das korrupte und das niemals zerstörte Deutsch, sind das Thema des oben zitierten Textes. Der »Strahlenwind« der wunderbaren Mutter-Sprache triumphiert über die falsche, die verrottete Sprache. Dem wahren Gedicht, sagt dieses Gedicht, gelingt es, die trübe Masse der falschen Gedichte, »das hundertzüngige Meingedicht«, zum Verschwinden zu bringen. Dieses Wort *Meingedicht*, das es bisher nicht gegeben hat, verhält sich zum Wort *Gedicht* wie das Wort *Meineid* zum Wort *Eid*. Der Meineid ist die verruchteste Form der Lüge, so wie der Eid die feierlichste Gestalt der wahren Rede ist. Die Vorsilbe mein- hat hier nichts mit dem geläufigen Possessivpronomen zu tun, sondern kommt, laut Etymologie-Duden, von einem altgermanischen Adjektiv für »falsch«. Das Gedicht in der verdorbenen Sprache, das Meingedicht, ist für Celan ein Verbrechen wie der Meineid, auf dem einst die schwersten Strafen standen. Es verdient den Namen Gedicht gar nicht, ist, wie der Schlussvers sagt, ein *Genicht*.

Das Suchen nach einer unzerstörten Sprache, einem unschuldigen Deutsch, war eine von vielen erlebte, nahezu religiöse Aufgabe in den ersten Jahrzehnten nach der Hitlerzeit, als man das Gebrüll des Diktators und seiner Gehilfen noch im Ohr, ihren Wortschatz, die LTI, *Lingua Tertii Imperii* (die Sprache des Dritten Reiches), wie Victor Klemperer, ihr erster Erforscher, sie nannte, noch im Bewusstsein hatte. Auch Ingeborg Bachmann war darin mit Celan eng verbunden, war wohl auch von seiner Erfahrung berührt. Dieses Sendungsbewusstsein gab der hermetischen Lyrik jener Zeit ein eigenes Pathos und eine unverwechselbare Dringlichkeit. Sie wirkte sich denn auch in der deutschen Literatur, insbesondere im Gedicht, bis gegen Ende des 20. Jahrhunderts aus.

Hermetik als Spielform der Avantgarden

Dabei darf man aber nicht vergessen, dass die hermetische Rede, das Verschlüsseln, das demonstrative Verrätseln, spätestens seit Rimbauds »Trunkenem Schiff« eine wichtige Spielform der ganzen lyrischen Moderne war. Dass Celan Rimbauds Gedicht übersetzte – wie übrigens auch George, sein Widerpart, es getan hatte –, war wie ein Bekenntnis zu einer poetischen Bruderschaft. Dabei hatte diese Hermetik der Avantgarden durchaus einen elitären, gelegentlich wohl auch snobistischen Einschlag. Nicht für die Menge wollte man schreiben, sondern für die Wenigen, die Kenner, die Eingeweihten. Man wusste sehr wohl: Wenn ein Gedicht die Verantwortung abwirft für den verbindlichen Sinn, solche Verantwortung vielmehr an den Leser delegiert, der doch gewohnt ist, verbindlichen Sinn gerade im Gedicht zu finden, dann setzt es sich dem Vorwurf einer unsozialen, arroganten Kunst aus, eines artistischen Spiels für die Eingeweihten. Diese, so war anzunehmen, schätzten das Spiel um der Erlesenheit willen, zu der sie selbst dabei gelangten. Als die intellektuellen Happy Few, die mit der Unverständlichkeit oder einer quälenden Mehrdeutigkeit umgehen können, gewannen sie eine reizvolle Überlegenheit über die Vielen, die solchen Zeilen gegenüber – bald hilflos, bald erbittert – ihr eigenes Versagen erlebten. Der Hohn auf die Spießbürger, der etwa in den Gedichten der Dadaisten nicht selten aufblitzt, ist ein charakteristisches Symptom.

Dennoch wäre es falsch, die hermetische Rede in der modernen Lyrik trivialpsychologisch auf die Eitelkeit der Autoren zurückzuführen. Tatsache ist: Seit die Moderne gegen ein Kunstmodell antrat, in dem jedes einzelne Werk Teil eines großen lehrreichen Bildersaals für die gesellschaftliche Mehrheit war, also Orientierungsfunktion für die Vielen nicht nur beanspruchte, sondern nachweislich ausübte, musste die Unverständlichkeit, das dem gesunden Menschenverstand nicht mehr unmittelbar Zugängliche, zu einem zwingenden Element der neuen Kunst werden. Diese Irritation hatte sie zu leisten, nicht zuletzt um der Vielen selbst willen. Denn jener Bildersaal, d. h. die Vereinnahmung der Kunst in die Totalität einer gesellschaftlichen Ordnung, die sich auch als die der ganzen Natur verstand und unablässig behauptete, musste den anarchischen Überschuss des Kunstwerks, seine Unberechenbarkeit, seine provokanten Stacheln und Kanten, nicht nur in Zweifel ziehen, sondern zu unterdrücken suchen. Ihn wieder in seine alten Rechte einzusetzen, war daher ein aller Moderne gemeinsames Ziel. Darin diente sie zuletzt auch jenen, die sie ablehnten.

So kann man das kurze Gedicht, das Rilke für seinen Grabstein geschrieben hat und das auf dem Friedhof von Raron im Wallis zu lesen ist, als exemplarisches Zeugnis nehmen für eine moderne Hermetik, die sich in ihrer geheimnisvollen Verschlossenheit zu einem öffentlichen Ereignis macht. An keinem Text der deutschen Literatur dürfte von so vielen Leuten, die sich sonst nie mit Fragen der schwierigen Literatur befassen, häufiger herumgerätselt worden sein und weiterhin herumgerätselt werden:

> ROSE, OH REINER WIDERSPRUCH, LUST,
> NIEMANDES SCHLAF ZU SEIN UNTER SOVIEL
> LIDERN.

So die Schrift, Großbuchstaben, und die genaue Anordnung der Zeilen. Alles einfache Wörter, lapidar, klar – und unverständlich. Es gibt wohl keinen Germanisten, der nicht schon mehrfach von irritierten Zeitgenossen, die im Wallis gereist sind und das berühmte Grab besucht haben, angefragt wurde, was um Himmels willen denn das bedeuten solle. Tatsächlich hat sich die Literaturwissenschaft der Sache ja auch innig angenommen. Nur war, was dabei herauskam, oft genug noch viel unverständlicher. So kann man im Internet die folgende Erläuterung eines angesehenen Gelehrten finden, welche das Rätsel ein für alle Mal zu lösen vorgibt:

> Der Schlaf der Rose erscheint als das unerschöpfliche unbewusste Leben, das sich in seinen einzelnen Leistungen zum Bewusstsein öffnet und doch selber im unaufhebbar Unbewussten bleibt. Die Öffnung des Unbewussten ins Bewusstsein ist selber der reine Widerspruch der Rose, die ergebnislos in sich selber ruhende Bewegung, die niemals einen letzten Grund freilegt, weil nach einem solchen ›Grund‹ zu suchen schon das Wesen dieser echt unergründlichen Bewegung verkennen würde.

Dieser Aussage gegenüber, die wahrhaftig selbst eine »ergebnislos in sich selber ruhende Bewegung« ist, erscheint Rilkes Ausruf als ein leuchtendes Ereignis deutscher Sprache. Und tatsächlich lernen viele Wanderer, die zur Kirche von Raron hochsteigen, die Zeilen sofort auswendig und tragen sie mit sich herum wie einen Zauberspruch.

Wirklich unzugänglich sind die Verse ja nicht. Sobald man erkennt, dass das Wort »Lider« akustisch zu lesen ist, also gleichzeitig »Lieder« meint – beim Sprechen des Gedichts fallen die zwei Wörter ja vollkommen in eins –, erscheint in Umrissen ein Sinnzusammenhang, dem man langsam und keineswegs ergebnislos nachdenken kann. Die Blätter der Rose sind wie Augenlider, ungezählte, und durch den Gleichklang stehen sie auch für die ungezählten Lieder, die der Dichter, dessen Gebeine hier unter Rosen ruhen, in seinem Leben geschrieben hat. Er selbst ist nicht mehr da. Unter den vielen Lidern ist kein Schlaf, unter den vielen Liedern kein Dichter mehr. Und doch ist es die hohe Lust dieses Dichters, weiterzuleben in seinen Gedichten, den Liedern, die vollkommen sind wie die Rose, das magische Gefüge von schimmernden Lidern.

Man darf sich allerdings fragen, ob der verschlüsselte Zauberspruch, den man mit sich herumträgt, einem nicht tiefer in die Seele greift, als das vielleicht sogar ertragreiche Nachdenken.

Denn das ist nun eben das entscheidende Geschehen bei aller hermetischen Dichtung: Sie beweist, dass es eine Vollkommenheit der Poesie gibt, die kein umfassendes Verstehen im herkömmlichen Sinn erfordert. Die Wörter und Sätze können bewegen, ergreifen, erschüttern und doch in einer funkelnden Undeutlichkeit bleiben. Das lässt sich daran zeigen, wie Celan eine Stelle von Rimbaud übersetzt. Dieser schrieb im »Bateau ivre« am Anfang der 20. Strophe: »Qui courais, taché de lunules électriques, / Planche folle …« Was Celan so übersetzte:

Ich – mondgefleckt, elektrisch, die tollgewordne Planke!

Ein Vers, der für sich selbst schon ein Ereignis von poetischer Gewalt ist, Sinnlichkeit verbindend mit einem unwiderstehlichen Rhythmus, dazu das raffinierte Spiel der hellen und dunklen Vokale. Verstehen wie etwa einen Satz, den man aus dem Lateinischen zu übersetzen hat, muss man das nicht. Die Vollkommenheit des Verses macht alles Hinterhersinnieren überflüssig.

Der Grabspruch von Raron, der in seiner unmittelbaren Wirkung hermetisch bleibt, was immer die Forschung dazu vorträgt, spricht – auch dies gehört zu seiner unmittelbaren Wirkung – aus der Mitte von Rilkes Existenz heraus. Das spürt man schockartig bei der Wendung: »NIEMANDES SCHLAF ZU SEIN«. Auch wer das Ganze nicht versteht, nähert sich ihm doch an – nicht zuletzt wohl auch deshalb, weil es daneben ja Rilke-Gedichte gibt, die einem vertraut sind wie alte Freunde. So »Der Panther«: »Sein Blick ist im Vorübergehn der Stäbe / So müd geworden, dass er nichts mehr hält ...«, so »Das Karussell« mit dem Refrain: »Und dann und wann ein weißer Elefant«. Das hermetische Reden ist also mit der lyrischen Sprache der Moderne nicht kurzerhand gleichzusetzen; sie ist eine ihrer Möglichkeiten.

Zu dieser Möglichkeit gehört nun, dass hermetische Verse nicht nur feierlich daherkommen müssen wie Rilkes letzte Botschaft an die Menschen, sondern dass sie auch ganz anders sein können, komödiantisch und burlesk. Dies geschieht nicht zuletzt bei den Dadaisten und dort nicht zuletzt bei einem ihrer stärksten poetischen Talente, dem Elsässer (zunächst Deutscher, dann Franzose) Hans Arp, dessen Ruhm als Maler und Bildhauer seine Leistung als Dichter bis heute zu sehr verdeckt. Auf dem Höhepunkt von Dada Zürich, 1916/17, schrieb er den Zyklus »Die Schwalbenhode«, der mit Schwalben ebenso wenig zu tun hat wie mit dem zweiten Teil des Titelworts, aber gleich zu Beginn unter Beweis stellt, dass unsere Sprache nicht einfach im Dienst der sogenannten Wirklichkeit steht, indem sie deren Teile benennt, sondern durchaus die Freiheit besitzt, zu benennen, was es gar nicht gibt, was aber von jetzt an dennoch in einer geheimnisvoll imaginären Weise da ist. So die ersten zwei von fünf Teilen:

1.

weh unser guter kaspar ist tot
wer trägt nun die brennende fahne im zopf wer dreht
die kaffeemühle

wer lockt das idyllische reh
auf dem meer verwirrte er die schiffe mit dem wörtchen
  parapluie und die winde nannte er bienenvater
weh weh weh unser guter kaspar ist tot heiliger bimbam
  kaspar ist tot
die heufische klappern in den glocken wenn man seinen
  vornamen ausspricht darum seufze ich weiter kaspar
  kaspar kaspar
warum bist du ein stern geworden oder eine kette aus
  wasser an einem heißen wirbelwind oder ein euter aus
  schwarzem licht oder ein durchsichtiger ziegel an der
  stöhnenden trommel des felsigen wesens
jetzt vertrocknen unsere scheitel und sohlen und die feen
  liegen halbverkohlt auf den scheiterhaufen

2.

  jetzt donnert hinter der sonne
die schwarze kegelbahn und keiner zieht mehr die kompasse
  und räder der schiebkarren auf
wer ißt nun mit der ratte am einsamen tisch wer verjagt
  den teufel wenn er die pferde verführen will wer erklärt
  uns die monogramme in den sternen
seine büste wird die kamine aller wahrhaft edlen menschen
  zieren doch das ist kein trost und schnupftabak für einen
  totenkopf[2]

Spiele haben Regeln. Wenn der Hermetismus eine Spielform der literarischen Moderne ist, müssen Regeln irgendwelcher Art im Text sichtbar werden. Was das zitierte Beispiel rasch deutlich macht, ist die Grundbewegung eines Klagegesangs über Kaspar oder unsern guten Kaspar, eine Person demnach, die als bekannt vorausgesetzt wird, ohne es zu sein. Mit der Todesnachricht setzt der Text ein, in Gestalt eines Wehrufs. Kaspars Tod ist schmerzlich für alle, ein schwerer Verlust. Daraus ergeben sich drei Zeitebenen, die in der Folge variiert aufgerufen werden. Zum Ersten das Jetzt: was ist nun, was geschieht nun, wie bestehen wir das Leben ohne Kaspar? Zum Zweiten das Vorher: was hat Kaspar doch nicht alles geleistet! Zum Dritten die Zukunft: man wird seiner gedenken.

Diese Zeitebenen ermöglichen das Spiel, indem zwischen ihnen frei gewechselt wird. Die Struktur ergibt einen festen Rahmen, in den nun mit fröhlicher Willkür eingesetzt wird, was immer dem Autor einfällt. Dem Autor, nicht dem sprechenden Subjekt im Text. Für dieses nämlich ist alles, was dem Autor einfällt, wehmütige Erinnerung. Die totale Willkür der Einzelheiten findet sich also im Gefüge einer Ordnung. Man könnte mit Shakespeares Polonius im *Hamlet* sagen: »Though this be madness, yet there is method in't«.[3] Ist dies auch Tollheit, hat es doch Methode. Nur so wird der Wirbel absurdester Bilder möglich, der durch das Gedicht tobt; nur so wird möglich, dass die absurdesten Bilder plötzlich aufstrahlen, sinnliche Intensität gewinnen und unerwartet anklingen können an ein verschollenes poetisches Reden. Das »schwarze Licht« schlägt eine Beziehung zur paradoxen Sprache der Mystiker, was sich bei der Verknüpfung der Sonne mit der »schwarzen Kegelbahn« wiederholt, und diese eher spießbürgerliche Einrichtung ist hier zusätzlich wichtig, weil sie an das Donnern erinnert, den »Donnergang«, der der Sonne im Prolog des *Faust* von den Erzengeln zugesprochen wird. Auch Anspielungen an Feuer und Verbrennen, an die Sterne und deren Botschaften (»Monogramme«), an Verlassenheit und Untergänge verschiedener Art tauchen auf. Der sich regende Ernst wird aber sofort wieder verdeckt durch krass skurrile Bilder und blanken Unsinn, der sich an sich selbst vergnügt.

Die anarchische Arbeit an der Sprache, die die Dadaisten unternahmen, die Destruktion der geltenden Normen des Redens und Schreibens, muss vor dem Hintergrund des furchtbaren Krieges gesehen werden, der gleichzeitig an vielen Fronten tobte, und insbesondere der nationalistischen Propagandasprache, die diesen Krieg begleitete, ihres verlogenen Heroismus. Die Dadaisten waren Weltbürger in einer Zeit des befohlenen Vaterlandkultes. Sie suchten eine Sprache, die nicht politisch vergiftet war und sich auch nicht vergiften ließ. Ihr provokativer Hermetismus ist insofern verwandt mit dem Hermetismus der 1950er und 1960er Jahre, der sich so radikal wie nur möglich von der Propagandasprache der Hitlerzeit absetzen wollte.

Die Dadaisten pflanzten sich wie ein lebenslustiges Unkraut rasch über ganz Europa hin fort. Sie waren heimatlos und wanderfreudig. Auch aus New York ließen sie plötzlich von sich hören. In Paris wurde aus ihrem ungezügelten Treiben nach einigen Jahren eine neue Bewegung, der Surrealismus. Während man die Spielregeln der Dadaisten aus ihren Werken ergründen muss, weil ihre Theorie in der Verwerfung jeglicher Theoriebildung bestand, entwickelte der Surrealismus ein präzis formuliertes Prinzip: Kunst darf nur entstehen, wenn das Bewusstsein ausgeschaltet ist. Staunend muss der Zeichner zusehen, was seine Hand auf das Papier wirft; überrascht liest der Dichter, was er selbst eben geschrieben hat. Ein Werk darf weder geplant noch gesteuert werden. Am besten wäre, man könnte während der Arbeit tief schlafen. So berichtet André Breton in seinem berühmten Manifest des Surrealismus von 1924 denn auch tatsächlich, dass der Dichter Saint-Pol-Roux, wenn er schlafen ging, einen Zettel an die Zimmertür pinnte mit der Mitteilung: »Le poète travaille.«[4]

In Arps Gedicht »Die Schwalbenhode« kann man sehen, dass schon die Dadaisten diese Technik kannten und die Wörter, Bilder, Sätze unreflektiert in ihre Texte regnen ließen. Arp war ja auch einer der ersten Maler, der die Elemente seiner Bilder explizit »nach dem Gesetz des Zufalls« anordnete. Dennoch ist die »Schwalbenhode« in ihrer Struktur noch kein wirklich surreales Gedicht; sie ist es nur in den Füllungen des Rahmens. Streng surrealistisch hingegen sind die Gedichte von Meret Oppenheim, die als bildende Künstlerin eines der legendärsten Werke dieser Bewegung geschaffen hat, die »Pelztasse« (»Le Déjeuner en fourrure«), 1936 in Paris entstanden, heute im Museum of Modern Art in New York. Und so hat sie geschrieben:

> Ohne mich ohnehin ohne Weg kam ich dahin ohne Brot
> ohne Atem aber mitnichten mitneffen mit Kaspar
> mit Kuchen so rund war er etwas eckig zwar
> aber ohne Grasbewuchs mit Narben mit Warzen mit Fingern
> mit Stäben mit vielen O's und wenig W's
> dafür mit ganz enorm wenig viel.
> Oh falle du doch in dein Loch oh begrabe du dich doch selbst
> und deine langatmige Hoffnung
> gib deinem Ich einen Tritt deinem Es seinen Lohn
> und was von dir übrig bleibt brate wie Fischlein im Öl
> du kannst deine Schuhe abstreifen.[5]

Man kann über diesem Gedicht meditieren; interpretieren kann man es nicht. Zu spüren ist eine dunkle Melancholie. Daneben gibt es kostbare sprachspielerische Momente: »mitnichten mitneffen« zum Beispiel oder die »O's und W's«, auch »mit ganz enorm wenig viel«. Dass »Kaspar« auftaucht, würde man gerne auf Hans Arp beziehen, darf es auch still für sich tun, nicht aber zur These machen. (Meret Oppenheim hat ihn in Paris kennengelernt und war mit ihm befreundet.) Eine gewisse Struktur ist im Ganzen dennoch zu erkennen: Es besteht aus zwei Sätzen, der eine geprägt vom Stichwort »Weg« und den Anbindungen an »ohne« und »mit«; der andere bestimmt von Imperativen. Die letzte Zeile scheint über die »Schuhe« wieder an die erste anzuknüpfen.

Die Autorin hat seit 1933 surrealistische Gedichte geschrieben, als sie, zwanzigjährig, aus Basel nach Paris kam und hier mit den alten Dadaisten und den neuen Surrealisten verkehrte. Man Ray, der zu beiden Bewegungen gehörte als deren größter Fotograf, schuf ein berühmtes Bild von ihr. Wenn man über dem Gedicht meditiert, wird es einem immer vertrauter. Man kann auch mit andern darüber reden. Festlegen darf man es nicht. Die schöpferische Freiheit des ursprünglichen Surrealismus, sein spezifischer Hermetismus, muss diesen Zeilen bleiben.

Meret Oppenheim wurde in Berlin geboren, als Tochter einer Schweizerin und eines Deutschen. An ihrem Geburtshaus an der Joachim-Friedrich-Straße 48 in Berlin-Halensee befindet sich heute eine Gedenktafel. Darauf steht, noch über dem Namen, ein Zitat: »mit ganz enorm wenig viel«.

Brechts Esel und Artauds Beschwörung

Die Anekdote ist bekannt. Als Brecht, vor der Hitlerherrschaft aus Deutschland geflohen, in Dänemark lebte, stellte er auf den Fenstersims, in Blickweite von seinem Schreibtisch, einen kleinen hölzernen Esel mit einem Schildchen am Hals. Darauf stand: »Sogar ich muss es verstehen.«[6] Damit definierte er seine schriftstellerische Arbeit als Aufklärung des Volkes, und zwar aller Schichten, auch der im Umgang mit Literatur ungeübten. Das schließt programmatisch jede Hermetik aus. Verstehen ist hier das Entscheidende, Verstehen, was der Autor mitteilt, auch wenn er es in Bilder und Vergleiche kleidet, Verstehen, und zwar auf der Stelle, was Metaphern und Symbole bedeuten. Dieser Esel, selbst ein Symbol, verkörpert ein hartes poetisches Gesetz. Mit ihm wird alles, was die hermetische Rede an Reizen und Klängen, Rätseln und Wortspielen vorlegt, für belanglos erklärt. Die Dichter vergehen sich damit gegen das Volk, gegen die Entrechteten und Ausgebeuteten, denen die Wahrheit über ihre politische Lage klar und unverschnörkelt mitgeteilt werden muss.

Aber war nicht auch das entfesselte Reden der radikalen Moderne ein politischer Akt, ein Aufstand gegen eine totalitäre Ästhetik und gegen eine Literatur, die ihre Leserinnen und Leser immerfort erziehen, ihnen die Grundregeln des richtigen, des bürgerlich erfolgreichen Lebens beibringen wollte? Waren die nationalistischen, hasspredigenden Schlagworte des Ersten Weltkriegs und des europäischen Faschismus, der diesem folgte, nicht gerade deshalb so gefährlich, weil sie so eindeutig waren, so klar und unverschnörkelt, dass wahrhaftig jeder Esel sie verstand und nicht weiter nachzudenken brauchte?

Hier tut sich eine Kluft auf, die den lyrischen Kosmos des 20. Jahrhunderts tief gezeichnet hat, mit Vor- und Nachläufern im 19. und 21. Jahrhundert. Die italienischen Futuristen forderten die Befreiung der Wörter aus dem Satzbau, ihre Entlassung aus den Zwangsjacken der Grammatik – »Parole in libertà!«[7] – und wirkten damit prägend auf viele Expressionisten und alle Dadaisten, Surrealisten und Neodadaisten. Antonin Artaud forderte in den 1930er Jahren einen ähnlichen Umsturz auf dem Theater, wobei auch er eine neue Sprache forderte, die ganz anders sein sollte und gerade nicht auf das bloße Verstehen ausgerichtet, sondern auf die körperliche Existenz und alle Sinne des Menschen.

Artaud hat dafür den Begriff der »Incantation« gesetzt. Incantation heißt »Beschwörung«, ein Reden, wie es einst die Zaubersprüche waren, der Exorzismus, das magische Erwecken fremder Kräfte. »Die Sprache als *Beschwörung* sehen« – »considérer le langage sous la forme de l'*Incantation*«[8] –, das bedeute, meint er, »ihr ihre ursprünglichen Möglichkeiten körperlicher Erschütterung zurückgeben« – »ses possibilités d'ébranlement physique«. Als Incantation verstanden und verwirklicht, gewinnt die Sprache wieder die Fähigkeit, wahrhaftig etwas zu zerreißen und etwas zu verkündigen – »de déchirer et de manifester réellement quelque chose«. Und ganz von selbst wendet sich diese Sprache dann gegen jene andere, gewöhnliche, die in ihren Zwecken aufgeht, die nichts weiter will und sucht als das, was den momentanen Lebensnotwendigkeiten dient. In dieser Sprache, die überwunden werden muss, fallen Wort und Sinn glatt zusammen, ohne Rest und Überschuss. Hier stehen alle Wörter im Dienst klarer Ideen, die klar ausgedrückt sein wollen. Indessen Artaud: »les idées claires sont des idées mortes et terminées«[9] – die klaren Ideen sind tot und abgeschlossen. Sprache als Incantation, als Beschwörung, lebt wesentlich aus der Differenz zu ihrer vordergründigen Semantik, übersteigt diese auf einen Sinn hin, der im Wort nicht vorgegeben und in den Wörterbüchern nicht aufgeführt ist, der nur aus dem einmaligen Akt des Sagens hier und jetzt entspringt. Dieser Akt ist nach Artaud vom Körper nicht zu trennen, seine Gegenwärtigkeit ist stets auch die des atmenden Leibes, der aus dem Brustkorb erschallenden Stimme.

Schließt nun aber nicht gerade dies eine Übertragung von Artauds Konzept einer neuen Sprache auf das Gedicht aus? Der Ort des Gedichts ist doch das Buch. Es begegnet uns als Geschriebenes, und so bewahren wir es auch auf, so wollen wir es besitzen, wenn es uns einmal zum Erlebnis geworden ist. Wohl kann man die Gedichte rezitieren, kann sie laut lesen, kann sie vom Autor lesen lassen und ihm dabei zuhören – in ihr Wesen treten sie aber keineswegs erst dann. In ihrem Wesen gegenwärtig sind sie nicht erst in der Performance, sondern durchaus schon im Buch, das aufgeschlagen vor mir liegt. Die Körperhaftigkeit der genuinen lyrischen Rede muss also im Text selbst verwirklicht sein.

Und dies ist sie tatsächlich. Das Lesen ist ein synästhetisches Ereignis, es weckt, heißt das, alle Sinne auf, das Hören, das Sehen, das tastende Spüren und sogar das Riechen und das Schmecken. Alle Lyrikerinnen und Lyriker, die wir als unvergleichlich erleben, haben ihren eigenen Klang, eine unverwechselbare Intonation, die wir hören und hörend wiedererkennen, wenn wir irgendwo auf eines ihrer Gedichte stoßen. Wie die Rede des Schauspielers in dem Raum, den Artaud sich als Theater denkt, eine Rede ist mit dem ganzen Leib und aus dessen dramatischer Verknüpfung mit Lichtern, Klängen, Stoffen und Dingen stammt (wobei die trennscharfen Ideen nur eine Nachricht unter vielen sind), verwirklicht die Rede des Gedichts eine sinnliche Fülle, in die das logische Sprachverstehen zwar eingebunden ist, die dieses aber als optische, akustische und haptische Erfahrung bald leise begleitet, bald mächtig übersteigt.

Das kann als Unverständlichkeit erlebt werden, aber nur dann, wenn ungefragt vorausgesetzt wird, dass die logisch organisierte Sprache, die Nachrichtenkette der trennscharfen Begriffe, die Hauptsache und alles andere bloße Dekoration sei. Für diese Hauptsache brauchte es indessen das Gedicht gar nicht. Das Gedicht existiert und wird nie verschwinden, eben weil seine Hauptsache nicht nur die Nachrichtenkette der trennscharfen Ideen ist, sondern das ganze vielgestaltige Ereignis der körpersinnlichen Erschütterungen – »ses possibilités d'ébranlement physique«.

Ist dieses »Ébranlement physique« nicht sogar in dem kleinen Gedicht aus Brechts späten Jahren zu spüren, in dem Zyklus, den er, nach dem Ort seines Sommerhauses am Schermützelsee, *Buckower Elegien* nannte?

Es ist Abend. Vorbei gleiten
Zwei Faltboote, darinnen
Zwei nackte junge Männer: Nebeneinander rudernd,
Sprechen sie. Sprechend
Rudern sie nebeneinander.[10]

Als sachliche Mitteilung versteht das jeder, auch der hölzerne Esel. Als sachliche Mitteilung ist es aber auch banal. Zwei junge Männer reden beim Rudern – was soll's? Erst die langsame Betrachtung des Textes weckt das leise Ébranlement physique aus, das in ihm steckt. Die erste Zeile erschafft nämlich einen Menschen, der am Abend am Seeufer steht und zwei Faltboote vorbeigleiten sieht. Beim Lesen treten wir nun selbst in die Erfahrung dieses erlebenden Subjekts. Die Stimmung des Moments berührt uns, und sie wird immer sinnlicher. Das Wort »gleiten« weckt die akustische Aufmerksamkeit: die Boote fahren nahezu lautlos vorbei, so erfahren und wohltrainiert rudern die zwei jungen Männer. Wir hören die Lautlosigkeit, hören dabei aber auch, was dennoch zu vernehmen ist, wenn die Ruderblätter regelmäßig ein- und auftauchen. Und in der Identifikation mit dem erlebenden Subjekt, das die Verse spricht oder denkt, hören wir auch neben den leisen Wassergeräuschen das ruhige Reden der beiden. Und zudem spüren wir die Dynamik des Vorgangs, die zielgerichtete Energie, die im Vorangleiten der Boote steckt.

Dieses Phänomen wird sogar von der optischen Gestalt des Gedichts versinnlicht: Der mittlere Vers scheint vorauszufahren, gemahnt an den gestreckten Bug eines Schiffes. Von der Logik des Versaufbaus her müsste »Nebeneinander rudernd« ja der vierte Vers sein; die extreme Verlängerung des dritten Verses wirkt daher auf Anhieb wie ein Versehen des Setzers. Nun wird jedes Gedicht schon durch seine graphische Gestalt zu einem optischen Ereignis. Es ist auch sichtbarer Rhythmus. Was Brecht hier mit dem dritten Vers macht, ist so kühn, dass man es als extravagant bezeichnen könnte – wirkte es nicht so ganz und gar selbstverständlich: Das Gedicht selbst scheint dadurch an uns vorbeizugleiten. Das Ébranlement physique dieser lyrischen Rede läuft wie ein Vibrieren durch die langsam Lesenden und Betrachtenden. Diese Visualisierung über den graphischen Umriss ist übrigens kein Einzelfall bei Brecht. Etwas Analoges geschieht zum Beispiel im Gedicht »Der Bauch Laughtons«.[11]

Wozu denn aber diese ganze komplexe Versinnlichung? Vielleicht um dessentwillen, was der hölzerne Esel nun doch nicht merkt: Die gelassene Arbeit der jungen Männer – eine Arbeit, die gleichzeitig Erfahrung, Übung und technisches Geschick erfordert – und deren gleichzeitiger Einklang mit vernünftigem Denken und Reden rückt uns nichts Geringeres als eine weltgeschichtliche Vision vor Augen. Es ist der Traum vom »ganzen Menschen«, der um 1800 von Goethe und Schiller, Hölderlin und Kleist als welthistorisches Projekt entwickelt und beschworen wurde.[12] Fühlen und Denken, Arbeiten und Genießen, das autonome Tun von Geist und Körper, diese großen Tätigkeiten, die den Menschen ausmachen und in die er so schrecklich zertrennt und gespalten ist, die sollten wieder zu einer lebendigen Einheit gefügt werden. Brecht hat dieses Konzept eingebaut in sein Geschichtsbild: Am Ende der Revolutionen, die er als Marx-Schüler kommen sah und erhoffte, würden die nicht länger ausgebeuteten und unterdrückten Menschen in einer ganz und gar freien Gesellschaft leben, lauter Männer und Frauen in einem selbstverständlichen Zusammenklang der großen Tätigkeiten. Damit wäre die Weltgeschichte an ihrem Ziel, die Menschheit hätte sich selbst erlöst. Auch wenn man bei dieser Beschreibung nicht um den Konjunktiv, die Möglichkeitsform herumkommt und nie um ihn herumkommen wird: Ergreifen kann es einen schon, wie es Brecht gelingt, diese Vision einer endzeitlichen Erlösung in einem winzigen Gedicht aufzufangen, das von nichts spricht als einem flüchtigen Augenblick am brandenburgischen Schermützelsee im August 1953.

Die Kraft des Gedichts, das, was Artaud dessen Beschwörungsgewalt nennt und mit der Wirkung alter Zaubersprüche vergleicht, kann also eine vitale Vergegenwärtigung schwieriger anthropologischer und philosophischer Denkgebilde schaffen. Nur sieht es vielleicht auf den ersten Blick ganz und gar nicht danach aus. Gibt es auch eine Hermetik der äußersten Einfachheit?

Verschlüsselung und Klartext beim frühen Grass

Da sei eine Kluft, wurde oben gesagt, die den lyrischen Kosmos des 20. Jahrhunderts tief gespalten habe. Zum einen gebe es die Befreiung des Gedichts in die Tumulte des Unverständlichen hinein und zum andern die Verpflichtung des Gedichts, dafür zu sorgen, dass es von denen, an die es sich richtet, auch verstanden wird. Diese Kluft darf nun allerdings nicht doktrinär verstanden werden und zur Forderung führen, die richtige, nämlich verständliche Literatur von der falschen, nämlich unverständlichen zu unterscheiden und entsprechende Regeln aufzustellen. Das Gedicht ist uralt, älter als die Schrift, und so alt ist auch seine Rätselnatur – und ebenso alt ist sein Aufklärungscharakter. In der Lust am Rätsel steckt bereits die Freude an der glasklaren Erkenntnis, im Vergnügen an der geschliffenen Maxime regt sich die Verlockung, das Eindeutige wieder infrage zu stellen. So reden ja auch die Götter bald Klartext wie in den Zehn Geboten, bald vertrackt wie in den Orakeln. Jedes

Gedicht, das seinen Namen verdient, muss Rätsel und Aufklärung zugleich sein, beide Vorgänge sind Elemente eines einzigen Spiels. Das kann als höhere Harmonie oder schrille Dissonanz erscheinen; Leser und Leserinnen, die Mitspieler, ohne die das Spiel des Gedichts ins Leere läuft, versetzt es so oder anders in eine intellektuelle und emotionale Tätigkeit – der ganze Mensch hat zu tun.

Bevor Günter Grass mit der »Blechtrommel« berühmt wurde, war er Bildhauer, Zeichner und Lyriker. Seine erste Publikation war ein Gedichtband – »Die Vorzüge der Windhühner« von 1956 – mit surrealen Texten und Zeichnungen. Peter Demetz hat nachgewiesen, dass Grass sich seiner Herkunft aus Futurismus und Surrealismus bewusst war[13], einer Herkunft, die nicht zuletzt über die Sprache Alfred Döblins führte, seines »Lehrers«, wie Grass ihn im Titel eines Essays von 1967 nannte. Döblin hatte sich intensiv mit dem Futuristen Marinetti auseinandergesetzt; noch die Stadtbeschreibungen in »Berlin Alexanderplatz« zeugen davon. Über Döblin lebte also der Hermetismus der frühen Avantgarden auch bei Grass wieder auf.

In der Rede »Der lesende Arbeiter« von 1974 ging Grass explizit auf das Problem ein, ob radikal modernes Schreiben in der Art von Joyce und Döblin ein Affront sein könnte gegenüber den Arbeiterinnen und Arbeitern, denen man, wie viele meinten, die Welt doch so einfach wie möglich erklären müsse. Und er setzt an zu einer rasanten Beschreibung dieser modernen Ästhetik und ihrer Beziehung zur Arbeitswelt der Gegenwart:

> Diese […] alle linearen Übereinkünfte und chronologischen Harmonien sprengende Ästhetik mit ihren Schüben, Stauungen und Entladungen, mit ihrer Komik vergraben im Detailgeröll, mit ihren Fransen und offenen Schlüssen, mit ihren Sehnsuchtszitaten verfilmter Sehnsucht und ihrer Angst, die sich ausschweigt oder seitenlang Sprachschotter

erbricht, diese Ästhetik bezieht weit mehr Arbeitswelt ein, als jenen Autoren, die ihr verpflichtet sind, bewusst zu sein scheint.[14]

Das ist natürlich nicht nur eine Verteidigung der Lesekompetenz literarisch interessierter Industriearbeiter, sondern vor allem eine Verteidigung von Grass' eigener Lust an einer von allen Zwängen und Diktaten freigesetzten Sprache, einem lyrischen und erzählenden Reden, für das man programmatisch den zitierten Vers aus Celans Rimbaud-Übersetzung hinsetzen möchte: »Ich – mondgefleckt, elektrisch, die tollgewordne Planke!«

Vor diesem Hintergrund erscheint nun eines der Gedichte aus dem Band *Die Vorzüge der Windhühner* besonders aufschlussreich. Es setzt ein mit der vollen Rasanz der von Grass beschriebenen Ästhetik und steigert sich am Schluss in deren Gegenteil hinein. Aus dem betörenden Bildertaumel der hermetischen Rede taucht unerwartet und auf eine uralte Weise verlockend ein Tisch auf, bedeckt mit einem dampfenden Mahl, zu dem sich umgehend einige vergnügte Leute hinsetzen werden:

BOHNEN UND BIRNEN

Bevor die grünen Dotter welken, –
die Hennen brüten einen frühen Herbst, –
jetzt gleich, bevor die Scherenschleifer
den Mond mit hartem Daumen prüfen,
der Sommer hängt noch an drei Fäden,
den Frost verschließt ein Medaillon,
noch eh der Schmuck, verwandt dem Regen wandert,
noch eh die Hälse nackt, vom Nebel halb begriffen,
bevor die Feuerwehr die Astern löscht

und Spinnen in die Gläser fallen,
um so der Zugluft zu entgehen,
vorher, bevor wir uns verkleiden,
in ärmliche Romane wickeln,
laßt uns noch grüne Bohnen brechen.
Mit gelben Birnen, einer Nelke,
mit Hammelfleisch laßt uns die grünen Bohnen,
mit schwarzer Nelke und mit gelben Birnen,
so wollen wir die grünen Bohnen essen,
mit Hammelfleisch mit Nelke und mit Birnen.[15]

Der Text operiert spielerisch mit einem konstitutiven Element der lyrischen Tradition, dem Jahreszeiten-Gedicht, das einen bestimmten Abschnitt im Ablauf der Monate benennt und symbolisch auflädt. Hier ist es die Zeit vom Herbst-Äquinoktium, der Tagundnachtgleiche um den 22. September, bis gegen den November hin, ein Teil des Jahres, der im Zusammenhang mit der Ernte in ländlichen Gegenden viele Feste kannte, bei den Dichterinnen und Dichtern aber eher die Gedanken an die Vergänglichkeit weckte. Dafür lieferten insbesondere die fallenden Blätter ein endlos ausgebeutetes Symbol. Ebenso unermüdlich beschworen wurde die Analogie zwischen dem auslaufenden Jahr und dem nahenden Ende des Lebens, der Lebensherbst, der sich verknüpfen ließ mit wehmütigen Blicken auf die verschwundenen Zeiten der Liebe. Die ungeheure Produktion von Herbstgedichten mit ihren stereotypen Motiven hängt aber durchaus mit der Tatsache zusammen, dass das unerbittlich abnehmende Sonnenlicht sehr viele Menschen alljährlich affiziert und melancholisch stimmt, bis hin zu ernsten Depressionen. Dazu kommt, was heute rundum vergessen ist, aber unbewusst weiterwirken mag, die archaische Angst, die schwindende Sonne könnte endgültig ihren Abschied nehmen und die Menschen in ewiger Nacht zurücklassen.

Es gibt daher eine dauerhafte Empfänglichkeit für die Herbstgedichte mit ihrer immanenten Polarität, aber wegen des begrenzten und zugleich aufdringlichen Symbolarsenals sind sie mehrheitlich konventionell. Das ist allerdings auch der Grund dafür, dass die seltenen Fälle, in denen ein neues Motiv zum alten Thema erscheint, mit besonderer Aufmerksamkeit vernommen werden.

Ein Beispiel dafür ist Rilkes berühmter Auftaktvers: »Herr: es ist Zeit. Der Sommer war sehr groß.« Das Besondere daran ist, dass er ein emphatisches Ja zum Abschied von der Sonne enthält, eine Aufforderung an den Herrn der Welt, endlich vorwärtszumachen mit der Dunkelheit. Das hatte so noch keiner gesagt, und der raffinierte Dreh ging rasch in das kollektive Bewusstsein ein, obwohl das Gedicht in seinem weiteren Verlauf durchaus wieder die gewohnte Melancholie um Einsamkeit und fallende Blätter kultiviert. Eine ähnliche Unsterblichkeit gelang dem österreichischen Dichter Hermann von Gilm zu Rosenegg mit einer einzigen Strophe seines sonst vollumfänglich vergessenen lyrischen Werks. Selbst sein Name ist heute verschollen, nicht aber diese vier Zeilen:

Stell auf den Tisch die duftenden Reseden,
Die letzten roten Astern trag herbei
Und lass uns wieder von der Liebe reden,
Wie einst im Mai.

Zwar sind die Herbstblumen allgegenwärtig in den Herbstgedichten, desgleichen die vergangene Liebe, aber diese Szene, in der zwei Menschen in einem fast rituellen Akt von ihrer einstigen Liebe reden wollen und wohl auch von deren heutiger Gestalt, ist so frappant singulär und unmittelbar berührend, dass die Strophe in breiter Erinnerung blieb. Und der letzte Vers –

»Wie einst im Mai« – wurde sogar zum geflügelten Wort, das unabhängig vom Gedicht weiterlebt.[16]

Und wie ist das nun bei Grass? Das Gedicht setzt mit dem Wort »Bevor« ein und zählt dann in einer Kaskade abenteuerlicher Bilder auf, was demnächst auf »uns« zukommt. Dieses Register enthält etliche Elemente der bekannten Herbstgedichte – nicht aber die fallenden Blätter –, die surrealistisch geschulte Diktion mit ihren verschlüsselten Metaphern lässt indessen nie das Gefühl eines Déja-vu aufkommen. Selbst der Nebel, die wachsende Kälte und die welkenden Astern treten uns wie neue Phänomene vor die Augen. Das hängt damit zusammen, dass wir ständig auf dem hohen Seil zwischen Verstehen und Nichtverstehen tanzen, das Nichtverstandene aber sinnenkräftiger und eindringlicher ist als das sofort Begriffene. Die Metaphern scheren aus ihrer Funktion der Sinnverdeutlichung und Sinnbekräftigung aus, werden selbständige Poesie und sind nur durch riskante Behauptungen halbwegs einzufangen. »Jetzt gleich, bevor die Scherenschleifer / den Mond mit hartem Daumen prüfen«: das könnte heißen, dass die Zeit der kalten Winternächte naht, wo die Mondsichel eisig am Himmel hängt wie ein gefährlich geschliffenes Werkzeug. Zugleich bezieht sich das Bild der scharfen Sichel auf die »drei Fäden«, an denen der Sommer noch hängt. In diesen wird das konventionelle Motiv der herbstlichen Marienfäden mit der mythischen Vorstellung der Parzen verknüpft, die den Lebensfaden kappen. Als »die Scherenschleifer« erscheinen diese hier in männlicher Gestalt. Der Gang in den Winter gleicht so dem Weg eines Verurteilten zum Schafott.

Zugegeben, eine solche Erläuterung ist nicht mehr als der Versuch, den Tanz des Gedichts reflektierend mitzutanzen. Alle Leser sind frei, dies auf ihre Weise zu tun. Sicher ist nur, dass in den ersten dreizehn Versen beschrieben wird, was uns in den kommenden dunklen Wochen bevorsteht – viermal fällt das ominöse »bevor«, zweimal das analoge »noch eh«. Wir gehen also einer üblen Zeit entgegen. Das sagen auch tausend andere Herbstgedichte, aber keines sagt es so provokativ, mit solcher Freude an der eigenen Frechheit. Diese dreizehn Verse entsprechen genau der Ästhetik, die Grass in der zitierten Passage aus dem Jahr 1974 beschrieben hat.

Diese dreizehn Verse mit ihrem »bevor ... bevor ... bevor« bilden einen einzigen Satz, der im vierzehnten Vers zum grammatisch korrekten Abschluss kommt in der Aufforderung: »Lasst uns noch grüne Bohnen brechen.« Und damit sind plötzlich die schrillen Metaphern vorbei, plötzlich braucht die Welt keine ins Absurde getauchten Vergleiche mehr, keine hermetischen Knacknüsse. Plötzlich müssen wir uns nicht mehr fragen: Sind die »grünen Dotter« eventuell die Bäume, die von mythischen Hühnern ausgebrütet werden, bis sie rot und braun und bald darauf kahl sind? Plötzlich ist die deutsche Sprache wieder so herzlich einfach, wie man sie als Kind gelernt und lieb gewonnen hat: »Lasst uns noch grüne Bohnen brechen.« Diese grünen Bohnen sind kein hintergründiges Symbol und keine Metonymie, kein Produkt einer kunstreichen Rhetorik oder der uneigentlichen Rede, sondern sie sind, so eigentlich, wie es nur geht, grüne Bohnen und nichts weiter.

So kommt es nun zum aufstrahlenden Wunder dieses Gedichts. Ein Hymnus setzt ein, wie es wenige gibt in der neueren Literatur, ganz kurz, aber so festlich feiernd und lobend und rühmend, als gäbe es keinen bösen Winter und keine bösen Zeiten und sogar keine bösen Menschen mehr – wenigstens für diesen Tag:

Mit gelben Birnen, einer Nelke,
mit Hammelfleisch laßt uns die grünen Bohnen,
mit schwarzer Nelke und mit gelben Birnen,
so wollen wir die grünen Bohnen essen,
mit Hammelfleisch mit Nelke und mit Birnen.

Es ist ein Rondell des irdischen Vergnügens. Dieses Vergnügen schließt unmittelbar an die gemeinsame Arbeit des Bohnenbrechens an, und schon diese Arbeit ist so genussreich wie gleich darauf das Kochen in der Küche und schließlich die Krönung, das Essen am gemeinsamen Tisch.

Könnte es wirklich sein, dass noch niemand diese fünf Zeilen vertont hat?

Hier wird das Jetzt einer Gegenwart unter der sausenden Sichel gefeiert – es ist die alte Sichel aus Shakespeares Sonetten –, und eines der erhabensten Gedichte der deutschen Literatur, Hölderlins »Hälfte des Lebens«, wird zum heimlichen Begleiter eines körpervergnügten, küchensinnlichen lyrischen Redens. Denn zweimal fällt der magische Ausdruck »Mit gelben Birnen«, und er fällt demonstrativ als Auftakt zu diesem Schlussteil, so wie er schon bei Hölderlin den Auftakt macht:

Mit gelben Birnen hänget
Und voll mit wilden Rosen
Das Land in den See,
Ihr holden Schwäne,
Und trunken von Küssen
Tunkt ihr das Haupt
Ins heilignüchterne Wasser.

Weh mir, wo nehm ich, wenn
Es Winter ist, die Blumen, und wo
Den Sonnenschein,
Und Schatten der Erde?
Die Mauern stehn
Sprachlos und kalt, im Winde
Klirren die Fahnen.[17]

Man wagt es kaum zu sagen, aber hier gibt das alte Gedicht, der erschütterndsten eines – und der einsame Gipfel aller deutschen Herbstgedichte –, die Zutat her zu dem Hammel-und-Bohnen-Gericht, von dem das Grass-Gedicht spricht und als welches es auch sich selbst metaphorisch versteht. In »gestundeter Zeit«, um einen berühmten Ausdruck jener Jahre zu zitieren, wird noch einmal gegessen, wird noch einmal gedichtet, und sogar Georges »schwarze blume« taucht für eine Sekunde in den Zeilen auf: »mit schwarzer Nelke und mit gelben Birnen«. Natürlich ist die Nelke zunächst einmal das bekannte Gewürz, aber der lachend-feierliche Einklang mit den gelben Birnen erweckt doch auch das optische Echo einer schwarzen Blume.

Billig wäre es, hier von Parodie zu sprechen. Auch um Ironie handelt es sich nicht bei der Fröhlichkeit, die in diesen Versen wohnt. Vielmehr geht es um eine Frömmigkeit sowohl des Essens wie des Dichtens, des Kochens wie des Versebauens. Der Verdacht der Ironie wird beseitigt durch die hinreißende Musikalität der fünf Schlusszeilen, eines rhythmischen Kunstwerks, das, akustisch geprägt vom siebenmal gesetzten »mit«, als ästhetisches Ereignis auch seinen Inhalt feiert.

Und jetzt? Ist dieses festliche Finale nicht auch der Triumph der poetischen Eindeutigkeit über die Exzesse des Unverständlichen? Kriecht Grass hier zu Kreuze vor Brechts hölzernem Esel? In der oben zitierten Rede von 1974, in der er die Ästhetik des modernen Hermetismus beschreibt, bekennt er sich auch zur Dunkelheit der Literatur als einer ihrer Aufgaben:

> Literatur stört, verstört. Literatur kann sich nicht nützlich machen wollen, weil ihr Nutzen im Widerspruch zum Nützlichkeitsgebot steht. Deshalb wird Literatur überall dort, wo kurzerhand Klarheit herrscht, zu herrschen hat, aufklären, indem sie Dunkelheit nachweist, dunkel ist, sein muss.[18]

Das besagt, dass Grass der Literatur, was die Form betrifft, eine dialektische Aufgabe zuteilt: Wo Klarheit regiert und Verständlichkeit befohlen ist, zweideutiges Reden aber geächtet und Verrätselung verboten, da muss die Literatur, muss das Gedicht die Verfahren der modernen Hermetik bereithalten und einsetzen. Mit verblüffender Direktheit benennt er die Doppelgestalt des »Aufklärens« als einer Aufgabe der Literatur: Wo in Politik und Gesellschaft verhüllt und versteckt wird, braucht es das taghelle Wort; wo man überall Eindeutigkeit vorspiegelt, wird das dunkle Reden zur Pflicht. Wenn das stimmt, dann wirkt die Literatur ebenso sehr durch die reine Gestalt ihrer Sprache wie durch das, was man den Inhalt oder die Botschaft nennt.

VII. Natur

Zur existenziellen Erfahrung im Herbstgedicht

Die unverstellte Direktheit im Hymnus auf den Birnen- und Bohnengenuss beweist die Legitimität des klaren Redens in der Gegenwartsliteratur. Die enge Verflochtenheit dieses Hymnus mit dem surrealen Stakkato der Herbst- und Nebelbilder verbietet es aber, die eine poetische Diktion gegen die andere auszuspielen. Das macht die Autoren freier, als sie es lange Zeit waren. Vielen Gedichten aus den ersten zwei Jahrzehnten des 21. Jahrhunderts spürt man diese Freiheit an. Monika Rinck, geboren 1969, gehört zu den stilsichersten und unternehmungslustigsten Lyrikerinnen dieser Generation. Ihre Freiheit ist auch eine des Denkens. Sie ist durch mancherlei Schulen gegangen, und immer wieder überrascht ihr Instinkt für das gerade jetzt, gerade hier richtige Wort. Überhaupt kann sie überraschen im Gedicht, weil sie vieles weiß, was andere niemals interessieren würde. Im Moment aber, wo sie davon spricht, erscheint es richtig und wichtig.

Es gibt von Monika Rinck ein kurzes Herbstgedicht, das mit einer Überraschung dieser Art endet. Zugleich könnte es auch für die Frage von Belang sein, warum sich denn diese so oktoberwarme wie novemberkalte lyrische Form als unzerstörbar erweist.

es war vorbei

es war vorbei – der sommer war es sicherlich
die sonne kannte nur noch gegensätze
und wo sie fort war war sie fort –
ab sonntag deutlich kühler aber
jetzt noch nicht – was für ein licht

das uns verlängerte und die fassaden
in den rechten winkel brachte – harte schatten
geometrisches – ein enggeschnürtes päckchen
war die summe dieses sommers – warte doch
herr doktor benn fegt eben noch
die fetten rosen hin –[1]

Das spezifische Zeitgefühl der Herbstgedichte ist auch hier dominant: Das Jahr kippt in die Nacht, demnächst. Dazu die ebenso stark erlebte Präzisierung: aber doch nicht heute schon! Dieses merkwürdige »noch«, das Grass so dramatisch einsetzt, strahlt auch hier förmlich auf: »aber jetzt noch nicht«. Das Glück des Augenblicks ist ja das einzige triumphale Argument, das der sterbliche Mensch dem sicheren Tod gegenüber hat, und dieses Glück wird durch die Gewissheit der Vernichtung sogar noch mächtiger. Es geht hier um eine existenzielle Erfahrung aller Menschen, seit sie um die Kürze ihres Lebens wissen, und aus ihr stammt ja auch die lyrische Wucht des Hochgesangs auf einen einzigen Abend mit Hammelfleisch, mit Bohnen und mit Birnen.

So ekstatisch ist Monika Rinck nicht. Aber auch sie erlebt die sausende, säbelnde Zeit, erlebt sie im kippenden Sommer besonders stark. Das wird schon daran deutlich, dass sie den Jahresmoment im Präteritum beschreibt, und zwar bereits mit dem Titel: »es war vorbei«. Logischerweise herrscht jetzt also bereits die Nebelzeit – feuchte Kälte für noch lange. Sogar den letzten Glücksmoment setzt sie in die Vergangenheit: Was war das nicht für ein Licht in diesen geschenkten Tagen, die schon nicht mehr zum Sommer zählten! Es »verlängerte uns«, weil die tiefe Sonne alle Schatten streckte. Hell und Dunkel wurden viel schärfer getrennt als etwa noch im Juli. Damals schien das Licht jeden Raum in der Stadt zu füllen, fast wie die Luft. Nichts als Helle gab es. Das letzte Sommerlicht aber zog bereits

»harte Schatten«. An allen Häuserkanten grenzte damit Weiß an Schwarz, und der Sommer schrumpfte in der Erinnerung zusammen: »ein enggeschnürtes päckchen«.

Dennoch hält sie, das heißt das Ich, das dieses Gedicht spricht, das Subjekt im Text, das nicht einfach Frau Monika Rinck ist, aber mit ihr doch recht viel zu tun hat, dennoch hält dieses Ich das definitive Vorbei, das schon der Titel grimmig deklariert, nicht aus. Die existenzielle Symbolik des Jahresmoments, die den eigenen Tod in den Tod des Sommers spiegelt, fordert noch ein allerletztes Zaudern. Es manifestiert sich in dem wahrhaftig rührenden »warte doch« der drittletzten Zeile.

Und darauf folgt die Überraschung. Der Coup des Ganzen. Das sprechende Ich fällt sich selbst ins Wort. Obwohl alles Bisherige bereits Erinnerung an die letzten Sommertage war, das beschworene Jetzt des Gedichts eigentlich irgendwo in der Vergangenheit liegt, ist dieser Untergang dem Ich, das ihn beschreibt, so unerträglich, dass es auf sein dichterisches Königsrecht zurückgreift, nämlich jederzeit über alle Zeiten im literarischen Werk zu verfügen, und stoppt den bereits geschehenen Untergang des Sommers doch noch einmal und befiehlt: »warte doch«.

Genau besehen, kann das nur die schreibende Autorin zu sich selbst sagen, sich selbst befehlen. Das ist ziemlich surreal. Ein Stilbruch? Es wäre einer, folgte darauf nicht eine Begründung, bei der einem einen Moment lang der Mund offen bleibt: »herr doktor benn fegt eben noch / die fetten rosen hin –«

Da wird Bezug genommen auf einen andern Dichter, der auch viel vom Herbst und von der Vergänglichkeit gesagt hat und dessen Schwermut seinen Versen ein eigentümliches, in die Tiefe ziehendes Gewicht gab. Insbesondere von den Rosen konnte dieser Dichter immer wieder reden, als wäre die Rose nicht seit Jahrhunderten das meistbeschworene Bild für die

Schönheit in der zerstörenden Zeit, als wäre er erhaben über alle Gefahren der Abgedroschenheit in der Kunst.

Ist er vielleicht auch! Monika Rinck weiß, dass sie die latente Panik in ihrem Gedicht nicht mehr bannen kann durch einen Verweis zum Beispiel auf die letzte Rose, die das Ich ihrer Verse in einem Vorgarten entdecken würde. Das ist abgehakt, das geht nicht mehr, das wäre ein Sturz aus ihrer literarischen Gegenwart in eine verschollene Ästhetik. Aufgewärmte Poesie. Aber sie kann die letzte Glückssekunde, diese furchtbar schöne Erfahrung der eigenen Zeitlichkeit, doch noch gewinnen, indem sie ironisch den Dichter beschwört, der es auf seine Weise, wenn auch gegen viele Bedenklichkeiten und spöttische Reaktionen, getan hat. Er erscheint im Gedicht wie ein Gärtner im Park nebenan, der Ordnung macht mit den Überresten des Sommers und die »fetten Rosen hinfegt«. Die Benennung »herr doktor benn« ist offen respektlos, und dass die Rosen »fett« sind, nimmt sich aus wie ein Stich gegen das allzu bekannte Motiv und wohl auch gegen Benns Neigung zum hohen Ton. Aber diese Bosheit ist die Maske, hinter der sich die Not des Augenblicks versteckt: Die Rose kann so doch genannt werden, und dem Imperativ »warte doch« wird Folge geleistet. Gegen alle Wahrscheinlichkeit ist es gelungen, in die hereingebrochene Nacht einen sonnenhellen Augenblick zu sprengen. Dieser dauert. Im Gedicht.

Das Finale wird möglich durch einen Moment der hermetisch-surrealen Rede, die die Moderne erarbeitet und zur Verfügung gestellt hat. Man muss allerdings wissen, wie man sich ihrer heute bedient. Monika Rinck besitzt dieses Wissen.

Die existenzielle Erfahrung bei Benn

Vertrackter Weise ist es nun aber so, dass schon bei Benn selbst dieser Vers steht: »fegt doch die fetten Rosen hin«, im Gedicht »Viele Herbste«, geschrieben im Oktober 1952, vier Jahre vor seinem Tod. Die Stelle nimmt sich aus wie der Aufschrei eines Mannes, der viele Herbste erlebt hat und dem es plötzlich vor den immer wiederkehrenden Rosen graut: »Wenn viele Herbste sich verdichten / in deinem Blut, in deinem Sinn / und sie des Sommers Glücke richten, / fegt doch die fetten Rosen hin, // den ganzen Pomp…« Die Rede von den Rosen hat hier einen ganz andern Ton als im Gedicht von Monika Rinck. Dort verbirgt sich hinter dem nicht als Zitat deklarierten Satz einerseits der Spott über die vielen Rosen bei Benn, andererseits aber auch eine Reverenz vor dem Dichter, der sich solche Inflation trotzig geleistet hat. Hier jedoch, bei Benn selbst, geschieht ein Angriff auf das, was die Rose zu einem lyrischen Motiv in allen Sprachen gemacht hat: ihre unwahrscheinliche Schönheit. Sie wird in ihrem Wesen abgewertet, wie wenn ein Mann bei einer schönen Frau nach einem Makel sucht, um ihre Macht über ihn zu brechen. Diese Verwerfung der Blume hält aber bei Benn nicht lange vor. Solange er überhaupt schreibt, wird er die Rose beschwören, wenn es um die letzten Fragen geht.

Was Monika Rinck dazu gebracht hat, ein ironisches Licht auf Benns Rosenfixierung zu werfen, dürften allerdings auch Gedichte wie das folgende sein. Es stammt aus dem Jahr 1946 und bestätigt zunächst die Feststellungen über die geheimen Regeln der Herbstgedichte:

ROSEN

Wenn erst die Rosen verrinnen
Aus Vasen oder vom Strauch

Und ihr Entblättern beginnen,
fallen die Tränen auch.

Traum von der Stunden Dauer,
Wechsel und Wiederbeginn,
Traum – vor der Tiefe der Trauer:
Blättern die Rosen hin.

Wahn von der Stunden Steigen
aller ins Auferstehn,
Wahn – vor dem Fallen, dem Schweigen:
Wenn die Rosen vergehn.[2]

In jeder Strophe sind die Rosen das Zeichen der Vergänglichkeit: sie »verrinnen«, sie »blättern hin«, sie »vergehen«. Dabei driften jedoch der Ernst der Erfahrung und die poetische Kraft ziemlich auseinander. Die erste Strophe ist in ihrer Trivialität schlicht unerträglich. (Man darf sich über Gedichte auch ärgern.) Die andern zwei Strophen sind reizvoll in der Parallelität der Struktur. Die eine handelt von der falschen Vorstellung, die Stunden könnten für den Menschen nie enden, die andere vom Wahn einer Auferstehung in die Ewigkeit. Das Ganze ist dennoch originalitätsfern. Und, was stets bedenklich ist, es stimmt sachlich nicht. Die Rosen entblättern sich nicht wie die Bäume in einer bestimmten Jahreszeit, sie tun es, sobald sie einmal blühen, schon nach vier, fünf Tagen, tun es den ganzen Sommer lang und treiben dabei neue Blüten oft bis in den späten Herbst. Das Gedicht lohnt die nähere Betrachtung nicht. (Man darf auch so etwas sagen.)

Aber da gibt es nun ein anderes Stück, bei dem sich solche Zweifel und Bedenken von den ersten Worten an verflüchtigen. Wiederum Benn, wiederum Herbst, wiederum die bekannten Elemente, und die Rose ist auch dabei, aber welche Sprachkraft (Artauds Wort vom »Ébranlement physique« fährt einem durch den Kopf)!

ASTERN

Astern – schwälende Tage,
alte Beschwörung, Bann,
die Götter halten die Waage
eine zögernde Stunde an.

Noch einmal die goldenen Herden
der Himmel, das Licht, der Flor,
was brütet das alte Werden
unter den sterbenden Flügeln vor?

Noch einmal das Ersehnte,
den Rausch, der Rosen Du –
der Sommer stand und lehnte
und sah den Schwalben zu,

noch einmal ein Vermuten,
wo längst Gewißheit wacht:
die Schwalben streifen die Fluten
und trinken Fahrt und Nacht.[3]

Die bekannten Themen sind da, und doch ganz anders, doch wie zum ersten Mal. Der Mythos vom letzten Glück vor der Winternacht, der sich überblendet mit dem Mythos von der erfüllten Stunde, die den Tod aufwiegt, man erkennt ihn sofort wieder. Aber er erscheint hier in einer genuin mythischen Rede. Antikisch sind die Götter, welche über die Zeit wachen und das Ende setzen, antikisch ist die arkadische Landschaft unter den goldenen Wolken, antikisch das Schicksalsgefühl. Das »alte Werden« ist nicht einfach der Gang des Jahres, sondern eine geflügelte Gewalt, den Parzen verwandt oder dem Gott Chronos. Nichts ist hier biedermeierlich, nichts erinnert an die gutmütigen Herbstlieder in den Schulbüchern. Die Astern, die als Titel gesetzt sind, erscheinen nur einmal. Sie stehen emblematisch-sinnbildlich für diese Stunde, sind keine hübschen Pflänzchen, sondern unheimliches Zeichen. »Astern – schwälende Tage«: der Vers ist eine Verkürzung, die alles schon enthält, was nachher kommt. »schwälend« (die ältere Form für »schwelend«) ist etwas, das langsam verglüht, rauch- und flammenlos, aber gefährlich. Es kann alles vernichten, was nicht Stein oder Eisen ist. Dieser Auftaktvers allein setzt schon den Rang, den das ganze Gedicht einhält.

Und dann erstrahlt unter dem magischen Wort der angekündigten Beschwörung, dem dreimaligen »noch einmal«, das Licht der Stunde, die alles andere aufwiegt und vergegenwärtigt wird in einem unvergesslich beruhigten Bild: »Der Sommer stand und lehnte / und sah den Schwalben zu.«

Mit den Schwalben aber hat der Autor auch das Bild gefunden, das ihm das Finale ermöglicht. Die Vögel sind naturwissenschaftlich genau gesehen. Schwalben streifen tatsächlich sehr oft im Flug das Wasser der Seen und Flüsse; sie trinken so, weil sie sich dazu ja nicht niedersetzen können wie die Sperlinge. In diesem Moment des Jahres, im Moment des Gedichts, bereiten sie sich aber auch auf die weite Reise in den Süden vor, die hier, mit dem letzten, doppeldeutigen Vers, auch für die Fahrt des Menschen in den Tod steht. Wiederum mit einem mythischen Anklang: die Fahrt über den Acheron, den Fluss der Unterwelt.

Man kann an den Herbstgedichten, die hier betrachtet wurden, der Antwort näherkommen auf die Frage, warum sich denn die Lyrik mit solcher Hartnäckigkeit auf die Natur richtet, auf die Naturdinge, die Naturwesen und was um diese, mit diesen, durch diese geschieht. Warum ist das Naturgedicht im 20. Jahrhundert nicht ausgestorben wie zum Beispiel etwa das Trinklied, das einst so populär war und neben allerlei Studentenulk doch auch mächtige und hintergründige Würfe hervorbrachte, nicht ausgestorben wie weithin die Ballade, die einst so etwas wie die ungekrönte Königin der Lyrik war?

Aus der Begegnung mit der unbegriffenen Natur sind die ersten Mythen entstanden, haben sich die frühen Religionen entwickelt, und diese Fähigkeit, im einzelnen Naturgeschehen höhere Mächte, ein höheres Gesetz zu erkennen oder von einer Einsicht solcher Art plötzlich überfallen zu werden, ist den Menschen geblieben. Ob solche Erfahrungen dem jeweiligen Stand der Wissenschaften entsprechen oder diesem entgegengesetzt sind, ist von Bedeutung, aber nicht ausschlaggebend. Dass sich dabei Konventionen und klappernde Repetitionen bilden, ist angesichts des quantitativen Missverhältnisses zwischen belangloser und epochenprägender Literatur unausweichlich, und mit der unbezweifelbaren Bestimmung dieser Differenz steht es ja auch nicht immer zum Besten.

Die kurzen Betrachtungen einiger Herbstgedichte haben zudem gezeigt, dass die literarische Qualität keineswegs vom Grad der Innovation abhängt. So sind die Erfahrungen der Zeit im Herbstgedicht, das »noch«, »jetzt noch«, »bevor dann«, »zwar bald schon, aber dennoch«, seelische Prozesse, die sich vom bloßen Oktober- und Novembergefühl sprunghaft in ein existenzielles Wissen um Dasein und Vernichtung und nicht zuletzt um die Beschaffenheit des Glücks steigern. Sie sind ein Teil jenes Nachdenkens, jener außerakademischen Philosophie, zu welcher der Homo sapiens – von wem? von der Evolution? – gezwungen, wenn nicht verdammt ist.

Das Frühlingsgedicht als Gegenspiel

Wie verläuft diese dem Naturgedicht offenbar inkarnierte Reflexion in der Gegenzeit zum sterbenden Jahr, in dessen jugendlichem Neubeginn? Die Frage ist schon deshalb nicht trivial, weil es aufschlussreich wäre, die reflexhaften Antworten, die darauf gegeben würden, zu klassifizieren. Wer nennt die Blumen als Erstes, wer die blühenden Bäume, wer die singenden Vögel, wer die Sonne, wer die weiche Luft, und wann kommt die Liebe, falls nicht ohnehin alle damit anfangen? Das Repertoire ist tatsächlich seit Jahrhunderten festgelegt. Aber solche Vorgaben reizen die schöpferischen Köpfe immer auch zu Varianten und Kontrasten.

Und überdies kann man sich täuschen: In einem der berühmtesten deutschen Frühlingsgedichte, »Geh aus, mein Herz, und suche Freud« von Paul Gerhardt, 1653 erstmals gedruckt, kommen alle denkbaren Naturwesen vor, aber es fällt kein Wort von der Liebe. Das ist insofern nicht überraschend, als Gerhardt einer der produktivsten Schöpfer protestantischer Kirchenlieder war und auch dieses Werk in einer einschlägigen Sammlung erstmals erschien. An die Stelle des glücklichen jungen Paars tritt bei ihm daher in der zweiten Hälfte des Liedes eine lange Reflexion, sieben Strophen, über den Himmel, der dereinst noch herrlicher sein werde als jetzt, in ihrer schönsten Zeit, die Erde. Warum in einem Kirchenlied von der irdischen Liebe nicht die Rede sein darf, die ja ebenso Gottes Werk ist wie »Narcissus und die Tulipan«, werden die Theologen wissen.

Umso mächtiger drängt dann 120 Jahre später die Liebe in einem Frühlingsgedicht von gleichem Rang und Ruhm ins Zentrum der lyrischen Rede. Goethes »Mailied«, ursprünglich »Mayfest« genannt, spricht nur kurz von den Blumen und den Vögeln, um sich dann mit aller Gewalt dem Ereignis der Liebe zu widmen. Das Gedicht, entstanden im Mai 1771, wird hier genau nach dem Erstdruck von 1775 zitiert, weil es tatsächlich weit mehr ein Maifest als ein Mailied ist. Hingerissene Ausrufe und Anrufungen fügen sich zu kurzen Zeilen, fernab von der geschmeidigen Musikalität eines Liedes, das seine durchgeformte Melodie von Strophe zu Strophe wiederholt. Und die Frage ist nun, wer da ganz genau angerufen wird.

Mayfest.

Wie herrlich leuchtet
Mir die Natur!
Wie glänzt die Sonne!
Wie lacht die Flur!

Es dringen Blüten
Aus jedem Zweig,
Und tausend Stimmen
Aus dem Gesträuch,

Und Freud und Wonne
Aus jeder Brust.
O Erd o Sonne
O Glück o Lust!

O Lieb' o Liebe,
So golden schön,
Wie Morgenwolken
Auf jenen Höhn;

Du seegnest herrlich
Das frische Feld,
Im Blüthendampfe
Die volle Welt.

O Mädchen Mädchen,
Wie lieb' ich dich!
Wie blinkt dein Auge!
Wie liebst du mich!

So liebt die Lerche
Gesang und Luft,
Und Morgenblumen
Den Himmels Duft,

Wie ich dich liebe
Mit warmem Blut,
Die du mir Jugend
Und Freud und Muth

Zu neuen Liedern
Und Tänzen giebst!
Sey ewig glücklich,
Wie du mich liebst![4]

Man denkt beim ersten Lesen, das sei alles ganz einfach. Da steht einer in der herrlichen Frühlingslandschaft und preist sie, nennt auch die blühenden Bäume und die Vogelstimmen, die aus allen Büschen schallen. Und da er verliebt ist, wie es in der Literatur zum Frühling gehört, ruft er bald das geliebte Mädchen an, die ihn ihrerseits liebt und die überdies, da er ein Dichter ist, seine Schaffenslust steigert.

Aber da gibt es eine Merkwürdigkeit in der Abfolge der Aussagen. Dreimal wird eine Instanz mit dem Aufklang eines oder mehrerer »O« angerufen: Das erste Mal die Gesamtheit der Natur: »O Erd o Sonne o Glück o Lust!« Das dritte Mal die Geliebte: »O Mädchen Mädchen, wie lieb' ich dich!«. Dazwischen die Liebe: »O Lieb' o Liebe, so golden schön«. Würde die Logik nicht verlangen, dass zuerst die Frühlingsnatur, dann die Geliebte mitten darin und schließlich die Liebe angerufen wird? Er erlebt die Liebe ja durch die Begegnung mit der jungen Frau, Friederike, der schönen Elsässerin. Diese Merkwürdigkeit wird dadurch verstärkt, dass der Satz, der mit dem doppelten Anruf der Liebe beginnt, diese Liebe als ein Geschehen nicht unter Menschen erklärt, sondern in der grünenden und blühenden Welt. Zudem ist die Strophe in der genauen Mitte des Gedichts die poetisch mächtigste des Ganzen: »Du seegnest herrlich / Das frische Feld, / Im Blüthendampfe / Die volle Welt.« Den Ausdruck »im Blütendampfe« gibt es in der deutschen Literatur nur einmal, nur hier, und auch das Wort von der »vollen Welt« ist so, wie es hier erscheint, als Bezeichnung für einen gesteigerten Zustand des Naturganzen, einzigartig.

Entscheidend aber ist die Aussage, dass die Liebe da ist vor dem liebenden Paar. Zwar könnte man denken, die vierte Strophe werde bereits im Gedanken an das Mädchen gesprochen. Die fünfte aber schließt genau diese Annahme aus. Die hier angerufene Liebe segnet vielmehr das frische, also keimende Feld und die im Blütendampfe pulsierende Welt.

Das ist der metaphysische Sprung, der auch hier ein Naturgedicht aus der privaten Zeit- und Landschaftserfahrung herausreißt und eine Dimension öffnet, die alles Private und Zwischenmenschliche übersteigt. Der junge Mann, der in diesem Maifest spricht, einem Fest der sich selbst feiernden Natur, erlebt die Natur als durchdrungen von einer gewaltigen Kraft, für die er kein anderes Wort hat als »Liebe«. Sie ist es, die nach dem grammatisch präzisen Sinn der vierten und fünften Strophe die ganze volle Welt segnet. Dieser Akt ist einer der Verwandlung, heißt es doch: »Du seegnest herrlich«. Die Liebe also erschafft »seegnend« die Herrlichkeit der Natur. Und wenn gleich darauf das Mädchen angesprochen wird, dann ist dieses Zusammenfinden der zwei Menschen eben auch eine der vielen Taten der durch das Weltganze wirkenden Liebe. Sie ist eine göttliche Gewalt, die den Kosmos und die ihm zugehörende Erde durchpulst. Das junge Paar erlebt sie ebenso wie die singende Lerche und die Morgenblumen.

Durch diesen erotischen Pantheismus übersteigt das Gedicht die Grenzen dessen, was man Erlebnislyrik nennt. Gewiss wird hier ein Lebensmoment, eine mit allen Kräften erfahrene und durchfühlte Stunde, in Verse und Strophen übersetzt, aber die gleichzeitige Deutung der Liebe als Teilhabe an einem kosmischen Urgeschehen macht den Lebensmoment zur Nebensache und das Gedicht zu weit mehr als einem Zeugnis für einen schönen Tag.

Dennoch war, was hier beschrieben wird, auch ein Stück gelebten Lebens, insbesondere für die junge Friederike Brion, die den stürmischen jungen Mann mit allen Kräften liebte und die letzten zwei Verse des Gedichts wohl auch als Treueschwur verstand. Schließlich standen da die Worte »ewig glücklich«. Aber schon ein Jahr später war die Verbindung für Goethe nur noch eine schmerzlich schöne Erinnerung und für Friederike die Lebenskatastrophe. In den langen, einsamen Jahren, die dem kurzen, wilden Glück folgten, nützte ihr das kosmische Urgeschehen wenig.

Ein Sprung in die Moderne

Und kann man, darf man dem allen jetzt ein Gedicht zur Seite stellen, das mehr als 200 Jahre später entstanden ist, von einer Autorin, die ein scharfes politisches Bewusstsein mit dem unwiderstehlichen Bedürfnis verband, so weitab wie möglich auf dem Land zu leben, und sich um ihre Vorgänger und poetischen Ahnen wenig kümmerte? Wer die grundsätzliche Frage nach dem Wesen und der Beschaffenheit des Gedichts als einer

Kunstform stellt, kann unter Umständen aus schroffen Kontrasten mehr lernen als aus geschichtlich und formal verwandten Beispielen. So sei denn nach dem unsterblichen Mailied das folgende, nicht sonderlich berühmte Märzgedicht eingerückt, das Sarah Kirsch 1984 in ihrem schmalen Lyrikband *Katzenleben* veröffentlicht hat. Auch hier ist Frühling, und Menschen, die sich daran freuen, finden sich ebenfalls, und sogar die Frage nach der Liebe darf man stellen, auch wenn es zunächst ganz und gar nicht so scheint.

Anfang des Tages

Die Treibhausblumen leuchten in der
Dämmrigen Diele, hinterm Rücken des Hauses
Feiert die morgendliche sehr frische Sonne
Märzorgien die Alte ist wohl durch den
Winter gelangt schmückt sich mit Glaube
Liebe Hoffnung die Krone stachelt Vögel
Zu Lärm an sie schleppen Halme stürzen
Und steigen und Katzen schweben nach
Der Maulwurf beginnt sein einsames Handwerk
Alte Frauen gehen in Gärten sie zählen
Blumen vertreiben Hühner glätten Mulden
Sind sehr zufrieden über der Erde wenn sie
Der Männer gedenken die schon am Rande
Des Dorfes angelangt sind in Särgen.[5]

Ein einziges Komma weist dieses Gedicht auf, in der zweiten Zeile, und einen einzigen Punkt. Dabei besteht es durchweg aus ganzen Sätzen, die grammatisch korrekt gebaut sind. Dass der Punkt am Schluss steht, leuchtet ein, obwohl man auch ohne ihn merken würde, dass das Gedicht hier zu Ende ist, während man vorher oft genug erst nach einem kurzen Stutzen und

Wiederlesen ein Satzende erkennt. Das einsame Komma aber steht unzweideutig an einem Satzende, müsste also eigentlich ein Punkt sein. Was soll diese preziöse Interpunktion, wo doch das Ganze von einer einfachen bäuerlichen Welt berichtet?

Das Komma ist zwingend, damit man hier das Satzende erkennt und nicht etwa glaubt, die dämmrige Diele befinde sich hinter dem Rücken des Hauses, wo in Wahrheit die Märzsonne scheint. Könnte das die Autorin mit der üblichen Zeichensetzung nicht einfacher erreichen? Warum will sie diese nicht? Sie will sie deshalb nicht, weil wir nicht denken sollen: Hübsche Bildchen aus dem Landleben; etwas für nostalgische Stadtbewohner, das Ganze. Sie blockiert also die routinemäßige Lektüre, indem sie uns zwingt, Satz für Satz erst als solchen zu bestimmen, von seinem unmarkierten Ende her, und bringt uns so dazu, auf alle Einzelheiten und ihre eventuelle Mehrdeutigkeit genauestens zu achten.

Ähnlich steht es mit den erwartbaren Elementen des Naturgedichts. Sie sind da, und doch auf unerwartete Art. Zwar leuchten gleich zu Beginn die Blumen, aber es sind nicht jene der Jahreszeit, Schneeglöckchen zum Beispiel, Krokus oder erste Narzissen, sondern bunte Treibhausblumen, in künstlicher Wärme irgendwo gezüchtet, in Holland vermutlich. Dass sie in der dämmrigen Diele leuchten, ergibt eine merkwürdige Spannung zur Märzsonne, die endlich wieder strahlt und daher »sehr frisch« wirkt. Der Auftakt ist also gezielt paradox. Er bedient den uralten Topos von den Blumen, dem eigentlichen Insigne des Frühlings, und dreht ihn zugleich ab. Beispielhaft initiiert hat diesen Topos vor 750 Jahren Walther von der Vogelweide:

Sô die bluomen ûz dem graze dringent
same si lachent gegen der spilden sunnen,
in einem meien an dem morgen vruo,
[...] waz wunne mac sich dâ genôzen zuo?[6]

> Wenn die Blumen aus dem Gras sprießen / als lachten sie der funkelnden Sonne entgegen / früh an einem Maienmorgen / [...] welche Freude kann sich damit vergleichen?

Doch anders bei Sarah Kirsch. Und es mutet einen oft an, als ob die späteren Gedichte selbst ein Gedächtnis hätten, als ob sie sich erinnerten an ihre Vorgänger vor fünfzig, hundert, Hunderten von Jahren. Das stimmt insofern, als alle Kunst auf Kunst aufbaut und alle Künstler sich bei andern Künstlern bedienen, sei's variierend, sei's im Willen, sie zu übertreffen, sei's im trotzigen Kontrast. Gewiss entspringen viele Naturgedichte aus dem Erlebnis eines sensiblen Poeten irgendwo im freien Grünen und Blauen. Aber die Form, die Fügung, die subtilen Gesten der Symbolisierung, die haben sie bei andern gelernt und weiterentwickelt. So wie niemand kochen kann als sei er der Erste, der an einem Herd steht, kann auch keiner Gedichte, Stücke und Romane schreiben ohne seine vielen Vorgänger. Oft spürt man sogar, wie diesen kurz zugewinkt wird im neuen Gedicht, etwa wenn Grass zu seinem Schlusshymnus den Auftakt setzt: »Mit gelben Birnen ...« oder Monika Rinck in die erste Zeile ihres Herbstgedichts die Worte setzt: »der sommer war ...« Nichts wäre verkehrter, als bei diesen Spielen der Erinnerung von Plagiaten zu sprechen. Es kann in der Literatur gar nie um das ganz und gar Neue gehen, immer geht es um das Neue aus dem Alten.

So auch bei dem Auftakt zum Märzgedicht der Sarah Kirsch: Sie muss von Blumen sprechen, will von Blumen sprechen und tut es, indem sie die ganze zu erwartende Flora durch Treibhausblumen ersetzt. Das könnte parodistisch sein, könnte sich über die »Blüten aus jedem Zweig« oder die »bluomen ûz dem grase« lustig machen, wenn diesem ersten Satz nicht eine ganz eigene poetische Intensität zukäme: »Die Treibhausblumen leuchten in der dämmrigen Diele«. Zusammen mit der starken, man möchte sagen: endlich wieder erstarkten Sonne hinter dem Haus treten da zwei Lichterfahrungen unmittelbar nebeneinander, die einen einmaligen Auftakt für ein Frühlingsgedicht ergeben. Wo wir eine einzige Stimmung erwarten, wie sie zu den Jahreszeitengedichten seit eh und je gehört, ereignet sich hier eine Stimmungsdissonanz, die kühn und witzig und fröhlich ist.

Jetzt kann die Freude über die Wiederkehr des gewaltigen Lichts erst richtig losgehen. »Die Alte ist wohl durch den Winter gelangt« – da schwingt durch das Vergnügen noch ein letzter Hauch jener ältesten Angst, dass die Sonne es einmal nicht mehr schaffen könnte. Sogar frech darf man nun werden ihr gegenüber und von der Alten reden wie John Donne in seinem berühmten Zuruf an die aufgehende Sonne: »Busy old fool, unruly sun.«[7] Wie sich in den Herbstgedichten der Blick in die eigene Vernichtung öffnet, strahlt hier mit der neuen Sonne der Jubel über das Davongekommensein förmlich auf. Und tatsächlich evoziert der streifende Gedanke an einen Untergang in der Winternacht einen religiös bewegten Moment; die Sonne »schmückt sich mit Glaube Liebe Hoffnung die Krone«. Das ist auch irdisch zu verstehen: Wir stehen wieder im Licht, und dieses dauert, nimmt sogar immer weiter zu. Da ist es leicht, an die Zukunft zu glauben, zu lieben, was man liebt, und auf vieles zu hoffen, was das steigende Jahr bringen wird.

Und als ob die Sprecherin des Gedichts über den Anhauch eines transzendenten Moments denn doch einen Moment erschrocken wäre, wendet sie sich nun ganz dem Treiben der wie neugeborenen Tiere und Menschen zu. Da ist überall Arbeit, tüchtige Arbeit, aber offenkundig vergnügte Arbeit. Die Vögel »schleppen Halme«, bauen also ihre Nester und machen dazu Lärm. So, als Lärm, erscheint also ihr vielgelobter Gesang in diesem Gedicht, als das obligate Geräusch, das die angestrengte Tätigkeit der Fortpflanzung und Aufzucht, das eifrige »Stürzen und Steigen« begleitet. Dazu tritt ebenso nüchtern der Verweis auf die Katzen, die den Vögeln lautlos hinterher sind. Sie wollen sie fressen, was nun einmal ihre Katzenarbeit ist. Gleichermaßen eifrig gräbt sich der Maulwurf unter der Erde sein Tunnelsystem. Er gehört nicht zum Zeichenarsenal der Frühlingsgedichte, aber weil hier der Frühling nicht nur als entfaltete Schönheit, sondern auch als eine Zeit der harten Arbeit vorgeführt wird, tritt der schwarze Geselle rechtmäßig hinzu.

So verläuft das Vorspiel zum großen Schlussbild. In diesem steigert sich die Inszenierung der Welt unter der neuen Sonne noch einmal und mit neuen Protagonisten. Spontan erwarten wir im Frühlingsgedicht junge, verliebte Leute. Vor Augen aber rücken die alten Frauen. Sie sind, wie die ganze Welt rundum, frühmorgens schon tätig. Sie arbeiten in ihren Gärten, um die Blumen so bekümmert wie um ihre Hühner – was erneut ein obligates Frühlingsmotiv mit einem konträren verknüpft. Hühner wären im Mailied und in der Strophe Walthers ein krasser Stilbruch. Dennoch wird der Schimmer des Glücks, der über dem Gedicht liegt, hier energisch verdeutlicht. Die alten Frauen sind »sehr zufrieden über der Erde« beim Gedanken an ihre toten Männer, die bereits unter ihr liegen.

Das ist die kühnste Volte des Gedichts. An der Stelle, an der nach dem vertrauten Muster das Liebespaar auftritt, erscheint hier – und zwar als Teil des Idylls! – die wohlige Zufriedenheit der Frauen beim Gedanken an die verstorbenen Männer. Weil sie sie los sind? Der Gedanke drängt sich einem im Moment der Überraschung über dieses Finale unmittelbar auf. Und es muss ja wohl auch den einen oder anderen Haustyrannen unter den Abgeschiedenen gegeben haben. Eine subtile Geschlechterironie liegt da in der Luft. Aber wenn man den Schluss nochmals liest, wirkt der Triumph der Frauen über die verblichene Männerherrschaft doch nicht so eindeutig. Denn nach dem Wortlaut kann das Behagen auch ganz einfach auf der Freude beruhen, immer noch am Leben zu sein an diesem schönen Tag und in der Sonne arbeiten zu dürfen – »sehr zufrieden über der Erde«.

Ein Mann hätte dieses Gedicht gleichwohl nicht schreiben können.

VIII. Politik

Auftakt mit Wedekind

Zwei Dinge herrschen über die Menschen, die Natur und die politische Macht. Und von beiden Dingen sehen sich die Dichterinnen und Dichter immer wieder zu singen veranlasst. Dass im zweiten Fall die hermetischen Traditionen kaum in Erscheinung treten, ist verständlich. Dabei hätten jene, denen das politische Gedicht den Marsch blasen will, dagegen gar nichts einzuwenden. Verschlüsselte Lyrik stört sie nicht, umso mehr jedoch die unzweideutige, sobald sie sich mit der Macht im Lande anlegt. Dann wird nach Möglichkeit gezielt zurückgeschlagen. Frank Wedekind, ein Autor, der sich auf deutliche Gedichte verstand, hat das Verhältnis von politischer Herrschaft und kritischer Literatur einmal in vier prägnanten Versen auf den Punkt gebracht:

> Zählt die Zuchthaus-Jahre man zusammen,
> Die von lyrischen Gedichten her
> Und von ähnlichen Verbrechen stammen,
> Ein Jahrtausend gibt es ungefähr![1]

Das ist nicht übertrieben und hat sich im 20. Jahrhundert, aus dessen Beginn die vier Zeilen stammen, so schrecklich bestätigt, wie auch Wedekind es nicht erwartet hätte. Dabei hat er selbst den Wechsel vom 19. zum 20. Jahrhundert im Gefängnis verbracht, wegen eines Gedichts: Er hatte sich in der satirischen Wochenzeitschrift »Simplicissimus« über Kaiser Wilhelm II. lustig gemacht. Dieser war auf einer pathetisch inszenierten Reise nach Jerusalem gefahren, in Begleitung seiner Gattin sowie mehrerer hundert ausgewählter Begleiter und in operettenhaften, von Anlass zu Anlass wechselnden Uniformen, die man umgehend in der deutschen Presse bewundern konnte. Photographen waren nämlich auch dabei. Wedekind floh nach der Anklage zuerst nach Paris, kehrte dann aber doch nach Deutschland zurück und wurde eingesperrt. So war er einer der wenigen, die diese Neujahrsnacht nicht feierten, konnte allerdings nicht wissen, wie recht er damit hatte. Das Säkulum sollte bald genug sein hässliches Gesicht zeigen.

In diesem Gedicht steigt König David zu Jerusalem aus seinem Grab, greift zur Harfe und stimmt ein Preislied auf Kaiser Wilhelm, den »Herrn der Völker«, an. Dieses beginnt so:

Im Heiligen Land

[…]
Willkommen, Fürst, in meines Landes Grenzen,
Willkommen mit dem holden Eh'gemahl,
Mit Geistlichkeit, Lakaien, Exzellenzen
Und Polizeibeamten ohne Zahl.
Es freuen rings sich die histor'schen Orte
Seit vielen Wochen schon auf deine Worte,
Und es vergrößert ihre Sehnsuchtspein
Der heiße Wunsch, photographiert zu sein.

Das ist perfekt gemacht, in der ersten Hälfte mit wechselnden, in der zweiten mit Paarreimen. Eine rhythmische Monotonie des langen Gebildes wird so verhindert; es schließt in energischer Verdichtung ab. Während die ersten zwei Verse durchaus der offiziellen Feierlichkeit des Geschehens entsprechen, beginnen kurz darauf die Gegensignale. Die »Lakaien« und die »Polizeibeamten ohne Zahl« gehören nicht in eine solche Anrede. Sie wirken als gezielter Stilbruch, mit dem sich der kritische Beobachter zu Hause in Deutschland ironisch in den salbungsvollen Diskurs einbringt. Von jetzt an prägt der Wechsel dieser zwei gegensätzlichen Sprechweisen den Text. Das Pathos wirkt dabei immer hohler, die Ironie immer böser. Das gipfelt in den folgenden zwei Schlussstrophen:

> So sei uns denn noch einmal hoch willkommen
> Und laß dir unsere tiefste Ehrfurcht weihn,
> Der du die Schmach vom Heil'gen Land genommen,
> Von dir bisher noch nicht besucht zu sein.
> Mit Stolz erfüllst du Millionen Christen;
> Wie wird von nun an Golgatha sich brüsten,
> Das einst vernahm das letzte Wort vom Kreuz
> Und heute nun das erste deinerseits.
>
> Der Menschheit Durst nach Taten lässt sich stillen,
> Doch nach Bewund'rung ist ihr Durst enorm.
> Der du ihr beide Durste zu erfüllen
> Vermagst, sei's in der Tropenuniform,
> Sei es in Seemannstracht, im Purpurkleide,
> Im Rokoko-Kostüm aus starrer Seide,
> Sei es im Jagdrock oder Sportgewand,
> Willkommen, teurer Fürst, im Heil'gen Land![2]

Die Ironie entfaltet sich über unterschiedliche Verfahren, aber immer im Gegenzug zur feierlichen Rede, die nie völlig verschwindet und auch im Schlussvers noch einmal intakt erscheint. Besonders raffiniert ist der Wechsel in eine Art Beamtensprache, ein banal verdrehtes Deutsch: »Von dir bisher noch nicht besucht zu sein« oder »Und heute nun das erste deinerseits«. Das Beleidigende daran ist gar nicht leicht festzumachen, man spürt es aber sofort. Anders ist es mit der Stelle über Golgatha, den Ort der Kreuzigung, den der Kaiser auch besuchte. Die letzten Worte Jesu mit den ersten des Kaisers an besagter Stelle zu parallelisieren, streift einerseits die Blasphemie und steigert andererseits die falsche Feierlichkeit ins Unerträgliche. Die letzte Strophe fängt dies komödiantisch auf, indem sie die ganze kaiserliche Garderobe vorführt und damit die Person des Kaisers wie auch seine Wallfahrt nach Jerusalem für theaterhaft, hohl und substanzlos erklärt.

Dass dieses Gedicht seinen Autor ins Gefängnis brachte, obwohl der »Simplicissimus« höchst populär und in hohen Auflagen verbreitet war, zeigt, dass die politische Macht im Spott der Dichter, für die sie sonst ja eher wenig übrig hat, eine reale Gefahr sieht. Und dies, obwohl es wenige Zeugnisse gibt für einen direkten Effekt solcher Texte. Aber die Literatur wirkt ohnehin um viele Ecken herum. Ihre Präsenz in der Gesellschaft ist unkontrollierbar. Genau dies macht die Mächtigen nervös und lässt sie zuschlagen.

In den modernen Demokratien gehört es zum Pflichtenkatalog der Politikerinnen und Politiker, zum bösen Spiel der Karikaturen und Satiren, die auf sie zielen, gute Miene zu machen. Das Volk, das die Regierenden gewählt hat, direkt oder indirekt, hat das Recht, Witze über sie zu reißen. Und in den Regimes, in denen es zur Wahl der Herrschenden nichts zu sagen hat, nimmt es sich dieses Recht eben trotzdem. So gibt es in Rom in der Nähe der Piazza Navona eine ziemlich beschädigte Marmorfigur, den sogenannten Pasquino, an der seit Jahrhunderten anonyme Spottverse über das Treiben der Päpste und Politiker angeklebt werden. Von diesem Pasquino wurde der Begriff »Pasquill« abgeleitet, eine Bezeichnung für alle Formen von anonymen Schmähschriften. Was aber die literarische Qualität der Schimpf- und Hohngedichte betrifft, so sind ihr seit je nach oben und nach unten keine Grenzen gesetzt.

Heine als politischer Sänger

Während Wedekinds Strophen über den deutschen Kaiser nicht zuletzt dadurch wirken, dass sie auch höchst amüsant sind, ist eines der bösesten politischen Gedichte der deutschen Literatur, Heinrich Heines »Der Wechselbalg«, erschienen 1844 in der Abteilung »Zeitgedichte« seines Lyrikbands »Neue Gedichte«, so aggressiv, dass es einen frieren könnte. Es besteht aus einem einzigen, durchgezogenen Satz, syntaktisch virtuos geformt, rhetorisch stupend und unheimlich plastisch in der Bildlichkeit. Was da geschieht, ist eine mörderische Attacke auf die preußische Monarchie, ihren regierenden König Friedrich Wilhelm IV. und den verstorbenen Begründer von Preußens Macht, Friedrich den Großen. Das Ganze endet mit der unverblümten Forderung, diesen Staat zu vernichten.

Die Schlüsselmetapher des Gedichts ist die Gleichsetzung Preußens mit einem Wechselbalg. Dieses Wort geht darauf zurück, dass man missgebildete Kinder oft als heimlich von Hexen oder vom Teufel ausgetauschte, also ausgewechselte Wesen betrachtete. Medizinisch gesehen handelte es sich um Fälle von Kretinismus. Diese Krankheit beruhte auf dem bis ins 20. Jahrhundert weitverbreiteten Jodmangel, der auch die vielen Kröpfe in der Bevölkerung verursachte. Der Aberglaube, dass die armen Geschöpfe von bösen Mächten ausgewechselt worden seien, wurde nicht zuletzt dadurch befördert, dass die körperlichen Veränderungen erst einige Zeit nach der Geburt zum Vorschein kommen:

Der Wechselbalg

Ein Kind mit großem Kürbiskopf,
Hellblondem Schnurrbart, greisem Zopf,

Mit spinnig langen, doch starken Ärmchen,
Mit Riesenmagen, doch kurzen Gedärmchen, –
Ein Wechselbalg, den ein Korporal,
Anstatt des Säuglings, den er stahl,
Heimlich gelegt in unsre Wiege, –
Die Mißgeburt, die mit der Lüge,
Mit seinem geliebten Windspiel vielleicht,
Der alte Sodomiter gezeugt, –
Nicht brauch ich das Ungetüm zu nennen –
Ihr sollt es ersäufen oder verbrennen![3]

Die Beschreibung dieses Kretins spielt auch auf den Militarismus Preußens an: Ein Korporal hat den Tausch vorgenommen, und der Riesenmagen bezieht sich auf die Expansionsgelüste des Staates seit Friedrich dem Großen. Mit diesem ist auch »der alte Sodomiter« gemeint, eine Anspielung sowohl auf dessen Homosexualität wie auch auf seine Liebe zu den Windhunden, die er immer um sich haben wollte. Er gab jedem von ihnen ein Grab und einen Grabstein neben der Terrasse von Sanssouci und ließ auch sich selbst dort begraben. Heine macht daraus eine wüste Bezichtigung, die in Deutschland noch bis weit ins 20. Jahrhundert hinein Anstoß erregte.

Dabei muss man allerdings den historischen Moment der Entstehung in Betracht ziehen. Vier Jahre vor der 48er Revolution war Deutschland ein politisches Pulverfass. Revolutionäre Forderungen und Programme gab es sowohl im liberalen Bürgertum als auch in den sozialistischen Bewegungen, und schon bald entwarfen Marx und Engels in London das Kommunistische Manifest. »Der Wechselbalg« ist auch das Symptom einer geschichtlichen Stunde.

Für das Spektrum an unterschiedlichen Intonationen, die das politische Gedicht kennzeichnen und es zu einer so vielseitigen Waffe machen, ist das vielleicht berühmteste Streitgedicht Heines aufschlussreich, das im gleichen Jahr wie der »Wechselbalg« entstand. Während dieser ganz auf Hohn und groteske Verzerrung setzt, sind »Die schlesischen Weber« von einem so bruchlos durchgehaltenen Pathos, wie es bei Heine selten ist und wie es ihm eigentlich auch nicht liegt, er ist ja weit mehr der Mann der plötzlichen Dissonanzen und ironischen Stilbrüche. Das Weberlied aber wurde gerade wegen seiner kämpferischen Kompaktheit zu einem Manifest, das rasch Verbreitung fand – und in Preußen sofort verboten wurde. Wenn es in deutscher Sprache einen Text gibt, der mit Zolas »J'accuse …!« verglichen werden kann, ist es dieses Heine-Gedicht. So lautet es in der endgültigen Fassung:

Die schlesischen Weber

Im düstern Auge keine Träne,
Sie sitzen am Webstuhl und fletschen die Zähne:
Deutschland, wir weben dein Leichentuch,
Wir weben hinein den dreifachen Fluch –
Wir weben, wir weben!

Ein Fluch dem Gotte, zu dem wir gebeten
In Winterskälte und Hungersnöten;
Wir haben vergebens gehofft und geharrt,
Er hat uns geäfft und gefoppt und genarrt –
Wir weben, wir weben!

Ein Fluch dem König, dem König der Reichen,
Den unser Elend nicht konnte erweichen,
Der den letzten Groschen von uns erpreßt
Und uns wie Hunde erschießen lässt –
Wir weben, wir weben!

Ein Fluch dem falschen Vaterlande,
Wo nur gedeihen Schmach und Schande,
Wo jede Blume früh geknickt,
Wo Fäulnis und Moder den Wurm erquickt –
Wir weben, wir weben!

Das Schiffchen fliegt, der Webstuhl kracht,
Wir weben emsig Tag und Nacht –
Altdeutschland, wir weben dein Leichentuch,
Wir weben hinein den dreifachen Fluch,
Wir weben, wir weben![4]

Wenn man Heine kennt und nicht wüsste, wie grimmig ernst es ihm hier ist, würde man schon die ersten zwei Verse für eine blanke Parodie halten. Und so gibt es den ganzen Text hindurch immer wieder Stellen, die hohl und fast dilettantisch klingen. Etwa über das »Vaterland«: »Wo nur gedeihen Schmach und Schande, / Wo jede Blume früh geknickt, / Wo Fäulnis und Moder den Wurm erquickt.« Das ganze Gedicht hat die Feierlichkeit und die zeremonielle Rhetorik eines in sein Gegenteil verkehrten Vaterlandsliedes. Und es ist ja auch aufgebaut auf einem patriotischen Kampfruf: »Mit Gott für König und Vaterland!« Diese Parole trugen die preußischen Landwehrsoldaten seit 1813 auf einem metallenen Kreuz an ihrer Mütze. Sie wird in den drei Mittelstrophen demontiert, indem jede dieser höchsten Gegebenheiten der Fluch trifft.

Die Vaterlandslieder blühten im 19. Jahrhundert; drei Jahre vor dem Weberlied war Hoffmann von Fallerslebens »Lied der Deutschen« entstanden: »Deutschland, Deutschland über alles«. Es ist die öffentliche Vernichtung dieses patriotischen Diskurses, ein Sakrileg für den Nationalismus der Zeit, was im Weberlied den komischen Effekt einer Parodie verhindert. Wo es um Leben und Tod geht, werden Stilfragen belanglos. Und hier ging es tatsächlich um Leben und Tod. Preußische Truppen hatten einen Aufstand der hungernden, schamlos ausgebeuteten Weber in Schlesien blutig unterdrückt. Das Ereignis brannte sich dem nationalen Gedächtnis ein.

In der Radikalität seiner Forderungen übertrifft das Weberlied den »Wechselbalg« bei weitem. Es fordert die Abschaffung Gottes, der Monarchie und des Vaterlandes in seiner jetzigen Beschaffenheit. Im Refrain: »Wir weben, wir weben!« wird überdies der organisierte Aufstand aller Unterdrückten angekündigt. Insofern ist dieses Gedicht selbst eine historische Tat, und mit der Zerschlagung des ersten gesamtdeutschen Parlaments in der Frankfurter Paulskirche ist 1849 auch sie gescheitert.

Dabei hatte jenes Parlament keineswegs den drei Flüchen Nachachtung verschaffen wollen. Es verlangte nur eine gesamtdeutsche Verfassung und eine konstitutionelle Monarchie. Aber zu den Kräften, die dieses Parlament überhaupt ermöglichten – eine vertane Jahrhundertchance für Deutschland –, gehörten eben auch Faktoren wie Heines Text. Er zählt gewiss nicht zu dessen literarischen Meisterwerken. Aber gerade deshalb ist er aufschlussreich für die Gattung des politischen Gedichts. Im Unterschied zu allen andern lyrischen Gattungen sucht dieses ja nicht nur die Erschütterung, Rührung oder Begeisterung der Leserinnen und Leser, will sie nicht nur zu neuen Einsichten führen, sondern zielt auf eine Änderung der öffentlichen Verhältnisse. Dabei ist die ästhetische Qualität zwar ein Faktor, aber eben nur einer unter vielen, nicht ausschlaggebend. Deshalb kann es lehrreich sein, gerade auf die trivialen Elemente in den »Schlesischen Webern« zu achten.

Shakespeares Sonett zur Zeit

Auch wenn ein aggressiver Einschlag zu den politischen Gedichten gehört – außer bei den vaterländischen Lobgesängen –, er muss doch nicht immer so dominant sein wie in den hier zitierten Beispielen. An die Stelle der offenen Attacke kann auch die Klage über die sozialen und politischen Zustände treten oder eine Analyse ihrer Beschaffenheit. Wie sich Klage und Analyse verbinden, zeigt ein berühmtes Sonett Shakespeares, das 66. Es soll das am häufigsten übersetzte aller seiner Sonette sein, auch wenn es nicht so sprichwörtlich geworden ist wie etwa das 18.: »Shall I compare thee to a summer's day?«

Die schwere Melancholie, die bei Shakespeare so oft selbst durch die heitersten Komödien bricht, färbt auch diese 14 Verse ein, von denen elf je eines der großen gesellschaftlichen und politischen Übel benennen. Das Gefühl der Hilflosigkeit gegenüber diesen Zuständen ist so stark, dass es umschlägt in den Wunsch zu sterben. Der erste Vers benennt dies mit ergreifender Lapidarität: »Tired with all these for restful death I cry.« So müde bin ich von dem allem, dass ich aufschreiend um einen friedlichen Tod bettle. Das ist unbeholfen übersetzt, aber der extremen Gedrängtheit von Shakespeares Sonett-Versen – fünf Jamben nur ist jeder lang, zehn Silben also – kann niemand gerecht werden. Man müsste eigentlich jede Zeile in doppelter Länge übertragen, um alle Bedeutungsnuancen herauszuarbeiten, aber dann wäre das Kunstwerk zerstört. So wird es wohl dabei bleiben, dass ungefähr alle zehn Jahre eine neue deutsche Übersetzung aller Shakespeare-Sonette erscheint, verfasst in der Überzeugung, dass das, was bisher keinem geglückt sei, diesmal tatsächlich erreicht werde.

Hier geht es nun aber nicht um ein unlösbares philologisch-ästhetisches Problem, sondern um ein Gedicht, das die moralische Beschaffenheit seiner Gegenwart analysiert und die verheerenden Resultate rücksichtslos benennt. Wie weit man diesen Vorgang von Shakespeares Biographie aus lesen sollte, wie weit er ein kunstreiches Spiel ist, lässt sich nicht entscheiden. Ein Spiel nach Regeln ist das Gedicht sicher insoweit, als die Pointe auf jeden Fall eine Reverenz gegenüber dem Geliebten oder der Geliebten sein muss (»my love«). Das hängt mit der Sonettkultur jener Zeit zusammen, die immer noch im Banne Petrarcas stand. So lautet der Text:

Tired with all these for restful death I cry:
As to behold desert a beggar born,
And needy nothing trimmed in jollity,
And purest faith unhappily forsworn,
And gilded honour shamefully misplaced,
And maiden virtue rudely strumpeted,
And right perfection wrongfully disgraced,
And strength by limping sway disabled,
And art made tongue-tied by authority,
And folly, doctor-like, controlling skill,
And simple truth miscalled simplicity,
And captive good attending captain ill:
Tired with all these, from these would I be gone,
Save that to die I leave my love alone.

Eine der neusten Übersetzungen stammt vom exzellenten Anglisten Klaus Reichert, der auch selbst Gedichte schreibt. Er weicht dem strengen Reimzwang aus und ersetzt das Versmaß durch eine rhythmisierte Prosa. Dadurch gewinnt er mehr Raum für die Annäherung an eine genaue Übertragung:

Ich bin das alles müd und schrei um Todesruhe
Zu sehn: Verdienst am Bettelstab geboren

und leere Nichtse teuer aufgeputzt
und reinste Treue schmählich hintergangen
und hohe Ehre schamlos deplaziert
und Mädchentugend roh geschändet
und wahre Größe schnöd herabgesetzt
und Stärke von hinkender Macht verkrüppelt
und Kunst mundtot gemacht von einer Obrigkeit
und Dummheit kontrolliert amtlich das Denken
und einfache Wahrheit umbenannt in Einfalt
und der besiegte Gute dient einem bösen Herrn.
Ich bin das alles müd und ging' gern aus der Welt,
nur, wenn ich sterbe, lass ich mein Lieb allein.[5]

Die Shakespeare-Forschung bemüht sich natürlich darum, die konkreten Ereignisse herauszufinden, auf die die einzelnen Verse anspielen. Das mag historisch interessant sein, ist jedoch immer auch spekulativ. Vor allem aber blockiert ein solches Unternehmen die Erfahrung der fortdauernden Aktualität des bitteren Sonetts. Es ist für die Leser viel ertragreicher, die hier der Reihe nach benannten Übel auf ihr Fortleben in der eigenen Gegenwart zu befragen. Kennen wir alle denn nicht Beispiele dafür, dass die hohen Verdienste, die sich ein Mann oder eine Frau erworben haben, unbelohnt bleiben (Vers 2), während Prahler und Schaumschläger reich und aufgetakelt daherkommen (Vers 3)? Und die fünf Donnerverse 7–8: haben wir nicht vielfach erlebt, wie sie vor unseren Augen Wirklichkeit wurden, in Schachzügen der Politik, im Geschrei der billigen Medien, in den Machenschaften neidischer Drahtzieher, in Kampagnen der öffentlichen Diffamierung? Darunter der Vers, der einem vielleicht am heftigsten in die Knochen fährt, der neunte:

And art made tongue-tied by authority.

Verwirklicht diese Zeile sich nicht heute noch weltweit, insbesondere dort, wo ein einzelner Politiker mit Geld und juristischen Tricks mehr Macht an sich reißt, als ihm nach Recht und Gesetz zusteht, und diese Macht umgehend dazu benützt, kritische Stimmen zum Schweigen zu bringen und Medien, Bücher, Filme, Theateraufführungen nach Belieben zu verbieten?

Man könnte das Gedicht zur Grundlage eines langen Nachdenkens über Politik und Gesellschaft machen. Die Verzahnung von privater Gier und öffentlicher Selbstinszenierung, die Herrschaft der potenten Dummheit über die verachtete Intelligenz, all dies würde einem dabei unheimlich klar vor Augen treten. Der natürliche Angriffswille des politischen Gedichts versteckt sich hier ganz in der unerbittlichen Diagnose. Es wird kein Gericht gefordert über die bloßgelegten Zustände. Die Verse selbst sind dieses Gericht.

Das Gedicht als politische Analyse

Die politische Lyrik kann sich auch zu Analysen verdichten, die bisher unbeachtete Prozesse zutage fördern. So geschieht es in einem kurzen Gedicht von Franz Grillparzer, das dieser 1839 auf den Fürsten von Metternich, den österreichischen Staatskanzler, münzte, der im Kaiserreich und in ganz Europa die liberalen Bewegungen bekämpfte und mittels eines ausgedehnten Polizeisystems überwachte. Er vertrat das Prinzip der Legitimität, wonach die Könige »von Gottes Gnaden« eingesetzt sind und also über jedem Parlament und auch über dem Volkswillen stehen. Grillparzer, der unter der Zensur viel zu leiden hatte, war ein scharfäugiger Beobachter der Politik. Ihn quälte die intellektuelle Beschränktheit der letzten Habsburger Kaiser, und er klagte den von Hintermännern gesteuerten, dem freien Denken feindlich gesinnten Hof in vielen zornigen Epigrammen an. Die meisten davon blieben allerdings in den Schubladen seines Schreibtischs liegen. 1839, als die politische Unruhe in ganz Europa immer stärker wurde, verbreitete sich das Gerücht von einer tödlichen Krankheit Metternichs. Die Nachricht war falsch, aber Grillparzer schrieb umgehend eine ironische Grabschrift auf den mächtigen Politiker:

Grabschrift

Hier liegt, für seinen Ruhm zu spät,
Der Don Quixotte der Legitimität,
Der Falsch und Wahr nach seinem Sinne bog,
Zuerst die andern, dann sich selbst belog,
Vom Schelm zum Toren ward bei grauem Haupte,
Weil er zuletzt die eignen Lügen glaubte.[6]

Das wäre als polemischer Akt nicht außergewöhnlich. An Attacken auf Metternich vonseiten der liberalen Intelligenz fehlte es damals nicht. Aber für die Psychologie der Macht ist der Text von bleibender Aktualität. Sie benennt einen Verblendungsprozess, den man bei Herrschern jeder Art, sowohl Diktatoren als auch um ihren Machterhalt besorgten Spitzenpolitikern in den Demokratien, bis heute beobachten kann. Ihre Begabung für die Strategien des Aufstiegs lässt sie mit der Wahrheit so willkürlich umgehen, wie es die Stunde jeweils erfordert. Das ist allgemein bekannt. Die Politik hat ihre eigene Moral und also auch ihren eigenen Wahrheitsbegriff. Die Rückwirkung dieses kreativen Umgangs mit den Tatsachen kann nun aber für die amtsfreudigen Regenten darin bestehen, dass sie mit der Zeit alles, was sie öffentlich behaupten, für wirklich und wahr halten, allein weil sie, die Machtträger im Scheinwerferlicht, es sagen. In den Demokratien, die diesen Namen verdienen, gibt es therapeutische Maßnahmen dagegen. Bei den Diktatoren aber, auch jenen, die im 21. Jahrhundert wieder Morgenluft wittern, steigert sich dies leicht ins Pathologische. Sie leben dann in einer narzisstischen Kapsel und glauben, berauscht von sich selbst, die Beschaffenheit der Welt füge sich jederzeit ihren Aussagen, so wie der Pomp ihrer Paläste, die sie mit dem Geld der Untertanen errichten, die zwingende Folge ihrer historischen Größe sei. Besorgte Staatsbürgerinnen und Staatsbürger stehen also weniger vor der Frage, ob ihre Politiker von Zeit zu Zeit lügen, als vor dem von Grillparzer aufgedeckten Problem, dass sie ihre eigenen Lügen für wahr halten könnten. Dann erst wird es ganz gefährlich.

Selbst zeitbezogene Gedichte können also zeitlos werden. Das ist literaturgeschichtlich und literaturtheoretisch wichtig, weil immer wieder gesagt wird, die sogenannte engagierte Literatur beziehe sich rein auf die jeweilige Aktualität und werde bedeutungslos, sobald die kritisierten Verhältnisse und Personen nicht mehr allgemein bekannt seien. Solche Fälle gibt es gewiss, aber daraus zu schließen, die politische Poesie sei von Natur aus ein ästhetischer Missgriff, ist falsch.

Dies lässt sich auch an einem noch kürzeren Gedicht zeigen, das der junge Günter Kunert in den ersten Jahren nach dem Zweiten Weltkrieg geschrieben hat. Es lautet:

Über einige Davongekommene

Als der Mensch
unter den Trümmern
seines
bombardierten Hauses
hervorgezogen wurde,
schüttelte er sich

und sagte:
Nie wieder.

Jedenfalls nicht gleich.[7]

Das ist, rein formal gesehen, nicht unbedingt ein Spitzentext. Warum gerade diese Satzteile untereinander geschrieben werden, ist weder vom Rhythmus noch vom Inhalt her einleuchtend. Man könnte auch der Meinung sein, es handle sich eher um einen Aphorismus, würde also besser in Prosa geschrieben. Allerdings hätte dieser Aphorismus dann die Qualität eines Satzes von Lichtenberg – und ein höheres Kompliment kann es im Bereich der deutschen Sprache für die verdichtete Aufzeichnung eines neuen Gedankens nicht geben. Und genau diese Qualität rechtfertigt auch die Montage in Versen. Der prägnante Satz zieht erst in dieser Anordnung die Aufmerksamkeit auf sich, die er verdient. Und er besitzt sie ja auch heute noch, gute 60 Jahre nach seinem ersten Erscheinen. Als moderner Klassiker steht er in vielen Schulbüchern.

Das ist gut so, denn die Aktualität des Gedichts, das auch auf einer Münze Platz hätte, hat sich in der Gegenwart wieder gesteigert. Es steckt darin nämlich eine unheimliche historische Wahrheit: die Menschen sind nicht fähig, ihre Einsicht in ein eigenes politisches Fehlverhalten, die sie einmal unter Schmerzen gewonnen haben, auf die Dauer zu bewahren. Sie lernen zwar aus der Geschichte, aber es gelingt ihnen nicht, das Gelernte an die späteren Generationen weiterzugeben. Diese treten begeistert wieder in die alten Fallen und veranstalten das Unheil erneut. Wie Grillparzer einen Lichtstrahl in die Psychologie der Macht geworfen hat, tat es Kunert in die Psychologie der politischen Massen.

Wenn man das einmal weiß, sieht man, dass das Gedicht Raffinessen aufweist, die sich erst in diesem Zusammenhang offenbaren. Ort und Zeit des Gedichts sind das bombardierte Berlin von 1945; Kunert ist ein geborener Berliner und hat dort gelebt, bis er sich aus der DDR in den Westen absetzte, aufs Land wie seine Kollegin Sarah Kirsch. Nun heißt es aber in der ersten Zeile: »Als der Mensch …« Eigentlich würde man erwarten: »Als einer …« oder »Als er …« oder »Als der Verschüttete …« Damit würde das Geschehen zu einer interessanten Anekdote. Erst mit dem tatsächlichen Auftakt gewinnt es den allgemeinen Sinn. Dieser überträgt sich nun auch auf die sechste Zeile: »Schüttelte er sich«. So etwas sagen wir eher von einem Hund, der aus dem Wasser steigt, als von einem aus den Trümmern geretteten Menschen. Aber genau um diesen Hund geht es. Wie dieser Hund schütteln die Menschen die geschichtlichen Erfahrungen von sich ab, die sie vor kommenden Katastrophen schützen könnten. »Das ist altes Zeug, das gilt für uns nicht«, sagen sie zu denen, die sie aufgrund schlimmer Erinnerungen warnen. Bis ihnen das alte Zeug wieder auf den Kopf fällt.

Ein politisches Gedicht über die Tiere?

Wo endet das Politische? Liegt zum Beispiel alles, was die Tiere betrifft und den Umgang mit ihnen, außerhalb der politischen Fragen, außerhalb der Ordnungen und Gesetze, durch die das Leben der Menschen geregelt wird? Solche Überlegungen waren lange nebensächlich. Sie sind es heute nicht mehr. Als endgültig geklärt können die Grenzen, die den Menschen im Umgang mit den Tieren gesetzt sein sollen, aber auch nicht betrachtet werden. Es wird gar nie möglich sein. Gerade deshalb aber haben literarische Werke, haben Gedichte, die darauf eingehen, ein eigenes Gewicht. Diese Stimmen kommen nicht aus Rathäusern und Parlamenten, und doch können sie Wirkung zeitigen. Zum Beispiel, wenn sie einer Autorin gehören, die ihre poetische Kraft den Tieren gewidmet hat wie nur wenige.

Gertrud Kolmar, die 1943 vom Hitlerregime getötet wurde, sah in den Tieren, gerade auch den verachteten, verabscheuten, ungeliebten, eine Welt des Ursprungs, die dem Menschen verloren gegangen ist. Sie beschwor diesen Ursprung auch im Wüsten und Scheußlichen, in dem die Tiere wirklicher erscheinen als in ihrer vielbewunderten Schönheit. Damit hat sie eine mythische Zone geöffnet, die ganz ihre eigene blieb und doch den Leserinnen und Lesern den Zutritt nicht verwehrte. Man muss allerdings bereit sein zu ertragen, was einem da begegnet (erst Jan Wagner, der um das Jahr 2000 zu publizieren begann, hat wieder mit ähnlicher Intensität und Konsequenz das Tier zum Gegenstand seiner Lyrik gemacht, wie es bei Gertrud Kolmar geschah).

Ein singulärer Wurf ist das Gericht der Tiere über die Menschen, das Gertrud Kolmar im Gedicht: »Der Tag der großen Klage« sich ereignen lässt, wahrhaftig ein Jüngstes Gericht. Diese Verse treten ebenbürtig neben den Zorn und die Klagen so vieler im herkömmlichen Sinne politischer Gedichte:

DER TAG DER GROSSEN KLAGE

So brach der Tag der großen Klage an.

Sie stiegen aus den Wassern, Meere voll,
Sie sprangen von dem blauen Bett der Himmel
Und füllten so die Erde mit Gewimmel,
Dass wie ein Brodeltopf sie überquoll.

Von abgelegnem Hofe, Burg und Dorf
Auf alle Wege zogen Qualgestalten,

Um schaurig mit Gebresten, Rissen, Falten
Das Feld zu decken als ein dunkler Schorf.

In Städten fielen Menschen auf die Knie
Und murmelten Gebete, heiß vor Grauen,
Doch mancher ragte ganz allein in Auen,
Der, irr geworden, fuchtelte und schrie.

Denn wie mit schwärzlichem Geflock beschneit,
Verhüllten Fenster sich und Straßensteine,
Da Fliegenstummel krochen, ohne Beine
Und ohne Flügel. Menschengrausamkeit.

Aus Wäldern hoben sich der Mittagsglut
Die stummen Augen blindgestochner Sänger,
Maulwürfe liefen – und da war kein Fänger –
An jeder Schnauze hing das Krümchen Blut.

Und Karpfen schnellten mit zerfetztem Bauch
Und rote Krebse lebend aus dem Tiegel,
Von Mauern rollte Wunderarztes Igel,
Geschwärzt in einer Zauberesse Rauch.

Doch aus dem weißen Saal der Wissenschaft
Begann ein Strömen wie aus offner Schleuse
Zerschnittner Ratten und entstellter Mäuse,
Ein Treiben unergründlich ekelhaft.

Und was an Raubgetier im Gitterhaus,
In ödem Tierpark sich die Brust zersehnte,
Verging in einer Pilgerschar, die dehnte
Sich zwischen siebzig Städten endlos aus.

Und alle nahten riesigem Gefild,
Das plötzlich da war, jäh, für diese Stunde,
Zuletzt noch arme, demütige Hunde,
Die Steuermarke um als Heiligenbild.

Da, an die Welten flog ein großer Schrei.
Mit braunem Pferd, dem Eselhengst, dem Stiere
Sprach der Gerichtstag totgeplagter Tiere
Den Menschen nicht von seinem Morden frei.

Und tausend Leiber wiesen ihm ihr Grab
Und hunderttausend ihre Folterstätten,
Es schwebte keine Taube, ihn zu retten,
Kein Lämmlein trug ihm selbst den Hirtenstab.

Und dieser Helfer, dran er sich gesonnt,
Zerschlug wie Glas mit ungeheurem Krachen,
Und eine neue Gottheit spie wie Drachen
Die Flamme einem neuen Horizont.[8]

Das nähert sich der Ballade, jener Gattung, die in der deutschen Literatur vom 18. bis ins 20. Jahrhundert hinein von eigentümlich vitaler Kraft war und so beliebt, wie man es sich heute kaum mehr vorstellen kann. Man hat sie dann in den 1970er Jahren zu verachten begonnen, hat sie als Schulmeisterliteratur hingestellt, mit der die Kinder gequält worden seien (dabei waren es doch gerade die Balladen, die dem öden Schulalltag von Zeit zu Zeit etwas dramatischen Pfeffer untermischten).

Auch dem »Tag der großen Klage« liegt ein spektakuläres Geschehen zugrunde, der Aufstand aller von den Menschen misshandelten und verstümmelten Tiere. Das Wort »Klage« im Titel ist daher im juristischen Sinne zu lesen: die Tiere reichen Klage ein gegen den Menschen. Sie versammeln sich auf einer riesigen Ebene, um Gericht zu halten über die, deren Opfer sie seit Jahrtausenden geworden sind. Sie haben die Macht übernommen auf dem Planeten und eröffnen nun den Prozess über jene, die sich bisher die Herren der Welt nannten.

Der Vorgang dieser Rechtsprechung wird zwar in der dritt- und zweitletzten Strophe knapp geschildert, die eigentliche Anklage, die das Gedicht erhebt, geschieht aber in der Beschreibung der Tiere, die sich zu Abertausenden versammeln und die alle schwer gezeichnet sind von den Menschen. Diese glauben sich zu solchem Tun berechtigt und von ihrem Gott im Voraus freigesprochen. Tatsächlich steht ja in den Zehn Geboten nichts vom Umgang mit den Tieren, höchstens – in einigen Fassungen –, dass am siebten Tage auch des Menschen Esel und Ochsen nicht arbeiten dürfen.

Die Foltern, denen man die Tiere unterwirft, reichen von den Fliegen, denen die Kinder Flügel und Beine ausreißen, den geblendeten Singvögeln, den Krebsen, die man lebend ins kochende Wasser wirft, und den Igeln, aus denen Kurpfuscher ihre Medikamente herstellen, bis zu den Ratten und Mäusen in den Labors moderner Forscher und den eingesperrten Tieren in den Zoos der großen Städte.

Das Gedicht gerät in dieser Aufzählung an seine eigene Grenze. Es ist unmöglich, die Vielfalt der Qualen, die die Menschen den Tieren antun, auch nur annähernd aufzulisten. Das verleiht dem Text einen leicht naiven Anstrich, wie etwa auch an der Stelle, an der die drei Richter, die sich weigern, den Menschen freizusprechen, genau benannt werden: ein braunes Pferd, ein Eselhengst und ein Stier. Das ist schon näher beim Märchenbuch als beim Weltgericht. Aber der furchtbare Ernst, der das Ganze durchdringt, macht solche Einwände zu Spitzfindigkeiten. Und furchtbar ernst ist dann auch das Finale, wo der Gott, von dem die Menschen glauben, dass er die Misshandlung der Tiere rechtfertige (wie 1. Mose 1,26 häufig verstanden wird: »Seid fruchtbar und mehrt euch und füllt die Erde und macht sie euch untertan und herrscht über die Fische im Meer und über die Vögel unter dem Himmel und über alles Getier, das auf Erden kriecht«), zerspringt »wie Glas« und einer »neuen Gottheit« Platz macht, einer gerechteren, die alles Lebendige schützen wird.

Vielleicht müsste man das Gedicht im Feld der literarischen Gattungen eher der Legende zuordnen, die ja durchaus ihre politische Dimension haben kann – man denke nur an Brechts berühmte »Legende von der Entstehung des Buches Tao Te King auf dem Wege des Laotse in die Emigration«. Aber das ist eine Frage, die hier nicht geklärt zu werden braucht. Wichtig ist im vorliegenden Zusammenhang nur die Tatsache, dass auch in dieser Dichtung über die Tiere ein politisches Problem aufgeworfen und implizit ein Versagen der Politik festgestellt wird. Immerhin hat der Deutsche Bundestag im Mai 2002 den Schutz der Tiere in den Artikel 20a des Grundgesetzes aufgenommen.

IX. Liebe

Der Jubel und die Not

Gelegentlich könnte man ja denken, Gedichte gebe es nur, weil eine fremde Gewalt die Menschen zwinge, in starken Tönen von der Liebe zu reden, immer wieder, immer neu und schließlich doch auf die stets gleiche Art. Der unbezähmbare Wille des Gedichts, vollkommen zu sein, so könnte man gelegentlich denken, müsse von daher stammen, dass der Mensch die unbedingten Glückserfahrungen der Liebe in Worte fassen wolle, die dieses Ereignis in einem Wirbel von Lichtern und Tönen spiegeln. Die Vermutung wäre allerdings schwer zu beweisen. Man darf nämlich mit ebenso guten Gründen annehmen, dass das Gedicht aus dem rituellen Anrufen höherer Mächte herstammt, aus Beschwörungen und Bannsprüchen oder aus den gemeinsamen Gesängen bei der Arbeit. Am hohen Alter des Liebesgedichts ist dennoch nicht zu zweifeln, und an seinem Weiterleben bis zum Ende aller Zivilisationen ebenso wenig. So wie die Liebe im Leben des einzelnen Menschen irgendwann ausbricht und Heil oder Unheil anrichtet, entsteht auch in Ungezählten die Notwendigkeit, darüber Verse zu machen oder Lieder zu singen. Diese können ganz einfach sein, und doch bewahrt die Menschheit viele davon jahrtausendelang auf, wie die vier Zeilen einer griechischen Frau um 600 v. Chr.:

Untergegangen ist der Mond
und die Plejaden. Mitternacht ist.
Die Stunde verstrich.
Ich aber schlafe allein.[1]

Wir hören die Stimme der Sappho bis heute, und die Verse werden immer neu übersetzt, mit immer wieder andern winzigen Änderungen, obwohl sie einfacher nicht sein könnten. Der eine setzt statt »die Plejaden« »das Siebengestirn«, der nächste »die Siebensterne«, der vierte wieder »die Plejaden«. Wie von Shakespeares Sonetten geht von diesen 16 griechischen Wörtern der Zwang aus, die einzig richtige Übertragung zu versuchen, die für die nächsten paar Jahrtausende dann Geltung haben soll.

Dieser Zwang entspringt dem Ereignis der Liebe, von dem hier so deutlich verschwiegen die Rede ist. Und wie so oft erscheint das Glück der Liebe in ihrem Unglück, das Wunder des Zusammenfindens leuchtet aus einem Moment des Verlierens und der Sehnsucht heraus. Wie die Herbst- und die Frühlingsgedichte ihre Regeln haben, die sie insgeheim steuern, auch wenn die Poeten es gar nicht wissen, sind auch in den Liebesgedichten die Phasen der Liebe, verschwiegen oder ausgesprochen, anwesend – als das Kommende oder Vergangene oder das Jetzt. Ein ganzer Sternenhimmel entsteht so, tausendfach aus dem Immergleichen heraus. Und wenn man der Meinung sein kann, es sei nicht möglich, sich in die Erfahrung einer Frau, die vor mehr als zweitausend Jahren gelebt hat, einzufühlen, so ist doch nicht zu bestreiten, dass die zitierten Sätze, die vor mehr als 2000 Jahren geschrieben wurden, heutige Leserinnen und Leser so bewegen können, dass die Frage, ob ihr Gefühl auch historisch stimmig sei, belanglos wird.

Der Jubel der Liebe weiß von der Not, und die Not weiß vom Jubel – obwohl es magisch schöne Gedichte gibt, die nur das Glück zu kennen scheinen. Mörikes »Nimmersatte Liebe« zum Beispiel:

So ist die Lieb! So ist die Lieb!
Mit Küssen nicht zu stillen:
Wer ist der Tor und will ein Sieb
Mit eitel Wasser füllen?

Und schöpfst du an die tausend Jahr,
Und küssest ewig, ewig gar,
Du tust ihr nie zu Willen.

Die Lieb, die Lieb hat alle Stund
Neu wunderlich Gelüsten;
Wir bissen uns die Lippen wund,
Da wir uns heute küßten.
Das Mädchen hielt in guter Ruh,
Wie 's Lämmlein unterm Messer;
Ihr Auge bat: nur immer zu!
Je weher, desto besser!

So ist die Lieb, und war auch so,
Wie lang es Liebe gibt,
Und anders war Herr Salomo,
Der Weise, nicht verliebt.[2]

Das ist ein ebenso einfaches wie hintergründiges Gedicht. Es preist die Unerschöpflichkeit der Liebe, und man denkt, es geschehe, um zu verdeutlichen, wie gewaltig dieses Gefühl sei. Der Eindruck wird dadurch verstärkt, dass nach der ersten Strophe, in der der Dichter allgemein über die Liebe spricht, die Rede plötzlich privat wird. Nun ist von einem konkreten Paar die Rede, und der Dichter ist selbst der liebende Mann, und was er beschreibt, ist gerade »heute« verlaufen, am Tag also, da das Gedicht erstmals bzw. immer wieder neu gesprochen wird. Eben just, vor einer Stunde oder zwei, haben die beiden sich geküsst und konnten nicht aufhören, obwohl sie einander wund bissen. Der Schmerz ging ganz ein in die Lust und steigerte sogar den Willen, dem begeisterten Treiben nie mehr ein Ende zu setzen. Die zweite Strophe erscheint so als die Veranschaulichung der ersten, in der gesagt wurde, dass die

Liebe selbst dann nicht mit Küssen zu stillen sei, wenn zwei Liebende einander wahrhaftig tausend Jahre lang küssten.

Diese Aussage der ersten Strophe ist nun allerdings weit mehr, als was die zweite vor Augen führt. So prächtig sinnlich die zweite auch ist, so bezaubernd in der leichthin skizzierten Psychologie der akuten Verliebtheit, sie hat doch die Aufgabe, die Dämonie der ersten zu verdecken. Das wird durch die letzte Strophe noch verstärkt, wenn sie volkstümlich humorvoll endet mit der Berufung auf den verliebten »Herrn Salomo den Weisen«, eine Formulierung, die aus einem Studentenlied stammen könnte.

Diese doppelte Verharmlosung der ersten Strophe zwingt zu deren genauerer Betrachtung. Während die anschließenden Strophen sagen: Von der Liebe hat man nie genug, man kann immer wieder neu anfangen und ist immer wieder glücklich damit, sagt die erste: Die höchste, die absolute Erfüllung kann die Liebe doch nicht geben. Auch ein tausendjähriger Kuss müsste noch eine letzte Sehnsucht ungestillt lassen. Dass wir endlos küssen wollen, zeigt nur, dass es da ein Ziel gibt, welches nie erreicht wird.

Man mag das absurd finden, und die zwei weiteren Strophen geben sich ja alle Mühe, gute Gründe dafür zu liefern, psychologische und anthropologische, aber mit der ersten Strophe bleibt doch das Signal gesetzt, dass auch in der entfesseltsten Liebe ein Defizit bleibe und erfahren werde. Das alte Bild vom Sieb, mit dem man vergeblich Wasser zu schöpfen versucht, eine Variante des Mythos von den Danaiden, die in der Unterwelt dazu verdammt sind, immerfort Wasser in ein durchlöchertes Fass zu gießen, verdeutlicht dies mit einem unheimlichen Beiklang. Es ist die Leistung des Gedichts, dass es sich verbietet, das Dilemma über eine Beschwörung der alten Theorien von irdischer und himmlischer Liebe zu lösen. Mörike versucht dies allerdings später selbst, etwa im Gedicht

»Neue Liebe«.[3] Für das poetische Reden von der Liebe aber bestätigt sich hier die Vermutung, dass im Jubel die Not nie ganz ferne, in der Not der Jubel doch nie unvergessen sei.

Tief ergreifend hat der gleiche Mörike diese zweite Erfahrung im Gedicht »Das verlassene Mägdlein« gestaltet. Vier kurze Strophen sind es nur, doch in ihnen verdichtet sich noch einmal das Schicksal der vielen jungen Frauen in der deutschen Literatur, die an ihrer Liebe zugrunde gehen, sei es durch den Verrat der Männer, sei es durch die Macht der Väter oder Regenten. Exemplarisch ist Margarete im »Faust«.

Das verlassene Mägdlein

Früh, wann die Hähne krähn,
Eh die Sternlein verschwinden,
Muß ich am Herde stehn,
Muß Feuer zünden.

Schön ist der Flammen Schein,
Es springen die Funken;
Ich schaue so drein,
In Leid versunken.

Plötzlich, da kommt es mir,
Treuloser Knabe,
Daß ich die Nacht von dir
Geträumet habe.

Träne auf Träne dann
Stürzet hernieder;
So kommt der Tag heran –
O ging er wieder![4]

Man möchte am liebsten gar nichts sagen zu dem Gedicht, so deutlich und traurig ist alles. Der Verrat braucht keine Begründung. Auch hier gilt das Wort Mephistos, des Teufels, über Margarete: »Sie ist die Erste nicht.«[5] Dennoch haben die vier Strophen eine innere Dynamik. Die junge Frau muss vor Tagesbeginn aufstehen und in der Küche Feuer machen. Sie ist gezeichnet von ihrem Leid, schaut traurig in die Flammen, die sie eben zum Lodern gebracht hat. Und unversehens findet sie diese schön, ebenso die springenden Funken. Aber genau jetzt tritt der Traum wieder vor ihre Augen: In der Nacht war sie beim Geliebten. Das Glück war wieder da. Und im Augenblick dieser Erinnerung fällt erneut das Unglück auf sie. Heillos, und nichts hilft dagegen. Dass die Not vom Jubel weiß, macht alles nur noch schlimmer.

Der Gedanke an einen ewigen Kuss, der im ersten Mörike-Gedicht auftaucht, ist ein Signal dafür, dass das Liebesgedicht, obwohl es doch ganz auf das hier und jetzt Erlebte ausgerichtet ist, insgeheim danach strebt, die Liebe in ihren höchsten Zusammenhängen zu denken. Die unmittelbare Erfahrung sucht ihren Ort in einer übergreifenden Ordnung. Diese kann aber nicht in einer gepredigten oder dozierten Lehre bestehen, weil solche Lehren ja gerade nicht ausreichen, um die Tumulte der Seele zu erklären. Deshalb werden im Liebesgedicht nicht selten mythische Entwürfe sichtbar, Rückgriffe auf überlieferte Sagen oder vorwissenschaftliche Weltdeutungen. Die Vorstellung vom niemals endenden Kuss – »Und küssest ewig, ewig gar« – ist eine solche Vision. Sie ist vorgebildet bei Novalis, der in der ersten seiner »Hymnen an die Nacht« von einer »ewigen Brautnacht« spricht.[6]

Mörike selbst hat in spielerischen Ansätzen einen privaten Mythos entworfen von der Liebe als dem großen Weltwind, der überall weht und doch nirgends zu Hause ist. Im »Lied vom Winde« lautet die Antwort der Lüfte auf die Frage: »Sagt, wo der Liebe Heimat ist, / Ihr Anfang, ihr Ende?« – »Lieb ist wie Wind, / Rasch und lebendig, / Ruhet nie, / Ewig ist sie, / Aber nicht immer beständig. / – Fort! Wohlauf! auf!«[7]

Und Mörike hat sogar eine Figur geschaffen, die mit diesem Mythos verknüpft ist, den Räuberhauptmann und Geigenspieler Jung Volker, eine wilde, freie Gestalt, die ein Lied singt über die Herkunft der Liebe aus dem Wind:

Jung Volkers Lied

Und die mich trug in Mutterleib,
Und die mich schwang im Kissen,
Die war ein schön frech braunes Weib,
Wollte nichts vom Mannsvolk wissen.

Sie scherzte nur und lachte laut,
Und ließ die Freier stehen:
Möcht lieber sein des Windes Braut,
Denn in die Ehe gehen!

Da kam der Wind, da nahm der Wind
Als Buhle sie gefangen:
Von dem hat sie ein lustig Kind
In ihrem Schoß empfangen.[8]

Hinter dieser radikalen Freiheit, die Volkers Mutter sich nimmt, steht eine fundamentale Erfahrung, von der die Literatur immer wieder berichtet, wenn sie von der Liebe handelt: dass nämlich die Liebe im Konflikt stehe mit den Gesetzen der Gesellschaft und ihrer Repräsentanten. Als Ereignis der Freiheit deckt sie die Strukturen der Unterdrückung auf, die in der jeweiligen Welt herrschen und die in den Liebestragödien zu ihrer furchtbarsten Erscheinung gelangen.[9]

Es lohnt sich also, in den Gedichten, die von der Liebe handeln, nach den Spuren dieses Konfliktes zu suchen und zu fragen, wie denn die Literatur von dieser unheimlichen Freiheit und ihrem ebenso unheimlichen Gegenteil rede – mythisch oder psychologisch oder soziologisch.

Das Abseits der Liebe

Im literarischen Aufbruch nach dem Ende des Hitlerreichs hat wohl niemand so inständig nach der Beschaffenheit der wahren Liebe gefragt wie Ingeborg Bachmann. Ihr ging es um die wahre Liebe so dringlich, wie es ihr um die wahre Sprache ging, die sie als weithin zerstört erlebte. Mit verlogenen Parolen und einem von innen her verfaulten Pathos war ja die deutsche Sprache vergiftet und verdorben worden. Nun wollte die Autorin Verse schreiben, in denen sie ihre ursprüngliche Unversehrtheit wieder gewinnen sollte, sichtbar und hörbar für alle.

In ihrem lyrischen Reden von der Liebe wohnte also eine doppelte Radikalität: Beide, die Sprache und die Liebe, mussten die Unschuld des Ursprungs besitzen und beide sollten damit hinausstrahlen in eine weiterhin zweifelhafte, heilsvergessene, den Neubeginn nur vortäuschende Gegenwart. Das Gedicht »Erklär mir, Liebe« aus dem Band *Anrufung des Großen Bären* von 1956 ist der Hochgesang dieses Programms. Der Hymnus ist so großartig, weil er noch vom Glauben an die Erfüllung des Auftrags getragen ist, von einem Triumphgefühl, das zu sagen scheint: Seht her! Seht diese Verse! Das ist die wahre Sprache, und sie benennt die wahre Liebe!

Schon im Hörspiel »Der gute Gott von Manhattan«, das ein Jahr später entstand, steht dieser Vision der vollkommenen Liebe deren Scheitern gegenüber. Der Mann kann nicht mithalten. Zwar liebt er leidenschaftlich, er hat aber, um den berühmten Satz von Jean Paul zu zitieren, »dazwischen zu tun«.[10]

Auf diesem Hintergrund kann nun ein Gedicht aus dem erwähnten Band von 1956 eingerückt werden, in dem es ebenfalls um die Liebe geht. Wie denn genau?

NEBELLAND

Im Winter ist meine Geliebte
unter den Tieren des Waldes.
Dass ich vor Morgen zurückmuss,
weiß die Füchsin und lacht.
Wie die Wolken erzittern! Und mir
auf den Schneekragen fällt
eine Lage von brüchigem Eis.

Im Winter ist meine Geliebte
ein Baum unter Bäumen und lädt
die glückverlassenen Krähen
ein in ihr schönes Geäst. Sie weiß,
dass der Wind, wenn es dämmert,
ihr starres, mit Reif besetztes
Abendkleid hebt und mich heimjagt.

Im Winter ist meine Geliebte
unter den Fischen und stumm.
Hörig den Wassern, die der Strich
ihrer Flossen von innen bewegt,
steh ich am Ufer und seh,
bis mich Schollen vertreiben,
wie sie taucht und sich wendet.

Und wieder vom Jagdruf des Vogels
getroffen, der seine Schwingen
über mir streift, stürz ich
auf offenem Feld: sie entfiedert
die Hühner und wirft mir ein weißes
Schlüsselbein zu. Ich nehm's um den Hals
und geh fort durch den bitteren Flaum.

Treulos ist meine Geliebte,
ich weiß, sie schwebt manchmal
auf hohen Schuh'n nach der Stadt,
sie küsst in den Bars mit dem Strohhalm
die Gläser tief auf den Mund,
und es kommen ihr Worte für alle.
Doch diese Sprache verstehe ich nicht.

Nebelland hab ich gesehen,
Nebelherz hab ich gegessen.[11]

Wer spricht? Ein Mann vermutlich. Dass es auch eine Frau sein könnte, schließt der Text nicht aus. Die Autorin musste allerdings annehmen, dass die Leserinnen und Leser in der Figur, die hier zu hören ist, einen Mann sehen. Also darf man mit dieser Annahme operieren.

Sicher ist, dass der Text eine Geschichte erzählt und dass er diese Geschichte dem Mann in den Mund legt, der sie erlebt. Er hat eine Geliebte. Es ist nicht eine unter andern oder nur für eine Zeit lang, sondern das Wesen, an das er gebunden ist auf Gedeih und Verderben. So, als hätte er ihr Herz gegessen, wie der letzte Vers nahelegt. Das erinnert an die zwei Zeilen, die Goethe einst in der Zeit seiner Liebe zu Charlotte von Stein auf ein Blatt geschrieben hat:

Bin so in Lieb zu ihr versunken,
Als hätt ich von ihrem Blut getrunken.[12]

Eine magische Bindung also, ein Liebeszauber, wie in den alten Geschichten von den Liebestränken. Sicher ist auch, dass diese Geliebte im Winter unter den Tieren im Wald lebt und selbst ein Naturwesen ist, bald eine Füchsin, bald ein Baum, bald ein Fisch, bald ein Raubvogel.

Wenn das sicher ist, dann ist das Gedicht ein Märchen oder eine Sage. Allerdings keine aus uralten Zeiten, sondern aus der Gegenwart, dem historischen Jetzt der Autorin, geht die Geliebte doch von Zeit zu Zeit in die Stadt, eine elegante Dame, treibt sich in den Bars herum, schwatzt mit den Männern, die dort zu treffen sind. Der Geliebte, der ihr nur im Winterwald begegnet, weiß das, hat es aber nie gesehen. Er nennt sie treulos, doch sagt er dies nicht als Verratener, sondern mit der gleichen Sachlichkeit, mit der er sie als Füchsin, Fisch oder Habicht beschreibt.

Eines allerdings weiß er: dass sie in der Stadt eine Sprache spricht, die er nicht versteht.

Die einzige unzweideutige Kommunikation mit ihr geschieht, als sie ihm das Schlüsselbein eines getöteten Huhns zuwirft – nicht blutig, ganz weiß –; dieses hängt er sich um den Hals. Ein Ritual der Bindung.

Er lebt aber nicht durchweg im Wald. Er muss ihn immer wieder verlassen. Dann hört er hinter sich ihr Lachen. So steht es schon in der ersten Strophe.

Wir können dieses Märchen nicht so nacherzählen, dass es sich ausnimmt wie eine Geschichte bei den Brüdern Grimm. Vielmehr stehen wir vor einem fragmentarischen Bericht, einer Ballade mit Lücken und ohne ein entschiedenes Ende. Dennoch ist offenbar alles, worauf es hier ankommt, gesagt, sonst könnte der Doppelvers am Schluss nicht wie ein aufgeprägtes Siegel wirken.

Aufhorchen lässt, dass am Ende das Wort »Sprache« fällt, und zwar mit dem sofortigen Hinweis auf die Existenz zweier verschiedener Sprachen. Die eine ist jene, die alle sprechen, die Sprache der Stadt, der Zivilisation. Von Bachmanns sprachkritischem Konzept her muss es die immer noch verdorbene Rede sein, gegen die eine neue Literatur anzuschreiben hat. Das wird dadurch verdeutlicht und verschärft, dass der liebende Mann sie gar nicht mehr versteht. Er ist in einer Verfassung, die ihn immun macht gegen das Idiom der Lüge. Diese Verfassung ist identisch mit seiner Liebe. Durch die Liebe steht er außerhalb der Welt aller andern. Als lebte er irgendwo auf einer Insel – oder eben in einem Wald. Die Märchenerzählung des Gedichts schildert also einen Gegenraum zur sozialen Wirklichkeit der Zeit mit ihrem verdorbenen Reden, Denken, Handeln. Dieser Gegenraum entsteht durch die Liebe.

Was im mythischen Entwurf Mörikes der Wind war, der um die Erde braust, ist im mythischen Entwurf Ingeborg Bachmanns also der Wald, in dem die Geliebte haust und mit dem sie so sehr eins ist, dass sie die Gestalt alles Lebendigen annehmen kann, das in diesem Wald lebt.

Dieser Wald ist die wahre Liebe. Um die wahre Liebe denken zu können, sollen wir diesen Wald sehen und begreifen.

Der Mann kann mit diesem Wald nicht so eins werden, wie die Frau es ist. Er muss »vor Morgen zurück«. Damit entdeckt sich das Gedicht auch als eine Geschlechtertheorie. Die Frau lebt in der Liebe, wie der Mann es niemals kann. Man mag das anstößig finden und für Geschlechterarroganz halten, nur gibt das Gedicht es offen zu: die Geliebte nimmt sich heraus, in beiden Welten zu leben, wie es ihr eben passt. Sie hat die Macht über den Mann, und das Liebeszeichen gibt sie ihm, nachdem er fürchten musste, von ihr getötet zu werden: »vom Jagdruf des Vogels getroffen […] stürz ich auf offenem Feld«.

Das können wir nun nicht einfach in die Alltagspsychologie übersetzen, etwa nach dem Muster: er ist eher masochistisch, sie eher sadistisch ... Die genuin poetische Rede kann in Formen denken, die in der herrschenden Zivilisation längst tabuisiert sind. So hätte Ingeborg Bachmann ihre Liebes- und Geschlechtertheorie auch nicht in die wissenschaftliche Psychologie ihrer Zeit übersetzen können. Sie braucht Leserinnen und Leser, die ihre Bilder, ihr mythisches Reden gelten lassen, ohne es entziffern zu wollen wie ein unterhaltsames Kreuzworträtsel.

Aber man darf schon sagen, dass in diesem Wald, diesem Nebelland, in dem der Verliebte eine radikal neue Form des Daseins findet, jene Kluft wieder erscheint, die sich in so vielen Liebesgeschichten und -tragödien als schicksalhafter Riss zwischen den regierenden Normen der Gesellschaft und den Erfahrungen eines liebenden Paars oder eines einzelnen liebenden Menschenwesens auftut. Hier, im Gedicht »Nebelland«, wird keine Katastrophe daraus und auch kein fröhliches Ende, es passiert eigentlich nichts weiter, als dass sich in fünf langen Strophen ein Stück Welt vor uns öffnet, das wir so noch nie gesehen haben und das uns doch auf merkwürdige Weise vertraut anmutet.

Aber ist das nicht einfach deutsche Romantik? Kehrt hier nicht etwas zurück, was schon einmal da war, nur moderner aufgemacht und etwas verschlüsselter als damals, als man um der Volkstümlichkeit willen eben auch verständlicher sein wollte? Das ist nicht von der Hand zu weisen, nur ist alle Literatur Innovation und Wiederkehr zugleich. In Mörikes »Verlassenem Mägdlein« tönen auch Sapphos vier Zeilen nach. Wir müssen das nicht wissen, aber wenn es uns auffällt, kann es das Nachdenken über den Text um eine Dimension erweitern.

So wäre es durchaus verlockend, neben »Nebelland« einmal das folgende Eichendorff-Gedicht zu stellen, ein Liebesgedicht wiederum eigener Art:

Waldgespräch

Es ist schon spät, es wird schon kalt,
Was reitst du einsam durch den Wald?
Der Wald ist lang, du bist allein,
Du schöne Braut, ich führ dich heim!

»Groß ist der Männer Trug und List,
Vor Schmerz mein Herz gebrochen ist,
Wohl irrt das Waldhorn her und hin,
O flieh! Du weißt nicht wer ich bin.«

So reich geschmückt ist Roß und Weib,
So wunderschön der junge Leib,
Jetzt kenn ich dich – Gott steh mir bei!
Du bist die Hexe Lorelei.

»Du kennst mich wohl – von hohem Stein
Schaut still mein Schloß tief in den Rhein;
Es ist schon spät, es wird schon kalt,
Kommst nimmermehr aus diesem Wald!«[13]

Erstaunlich viel berührt sich hier mit dem Bachmann-Gedicht: der Wald als Ort der Liebe, das schöne Paar, die keineswegs idyllische Natur, der Mann als aktiv Werbender, die Undurchschaubarkeit der Frau, ihre manifeste Gefährlichkeit. Ebenso deutlich ist ein mythisches Reden zu hören. Der Wald erscheint als außergesellschaftlicher Ort, an dem die üblichen Verbote aufgehoben sind. Der Mann will die Reiterin gleich zur Geliebten gewinnen (mindestens legt die Anrede als »schöne Braut« und die Doppeldeutigkeit des Verbs »heimführen« dies nahe). Sie warnt ihn vor sich; er geht nicht darauf ein, preist vielmehr ihre Erscheinung und Schönheit. Und damit ist er schon verloren. Sie hat ihn als Zauberin und Hexe in ihrer Macht und wird den Verrat, der ihr selbst angetan wurde, an ihm rächen. Tödlich. Und offenbar steht sie selbst unter dem Zwang, dies zu tun, sonst würde sie ihn nicht warnen.

Die Gestalt der Loreley, ihre Erscheinung auf dem hohen Felsen am Rhein und ihr Name, alles das, was man vielfach für eine uralte deutsche Sage hält, war etwa zehn Jahre vor Eichendorffs Gedicht von Brentano erfunden worden. Heines berühmtes Gedicht »Loreley« erschien erst weitere zehn Jahre nach Eichendorffs Strophen. Wer also Ingeborg Bachmann eine Nachahmung Eichendorffs vorwerfen wollte, müsste mit solcher Krittelei schon bei den Romantikern anfangen. Der Fall zeigt, welche schöpferischen Kräfte gerade durch die Übernahme einzelner Motive von Vorläufern aller Art bei ihrerseits begabten Köpfen freigesetzt werden.

Liebe, lebenspraktisch und illusionslos

Mythisches Reden, der Wind und der Wald – muss das wirklich sein, wenn es in einem Gedicht um die Liebe geht? Kann man nicht schlicht und deutlich sagen, was abläuft? Schließlich wissen das alle Erwachsenen und die Halbwüchsigen über kurz oder lang oder schon länger. Es gibt eine lange Tradition leichthin gesprochener, chansonähnlicher Gedichte, in denen von der Liebe sehr sachlich, sehr erfahren und gefühlskritisch gesprochen wird. Dennoch lebt die Frage, ob sich das Überwältigende an der Liebe einer transzendenten Kraft oder einer hormongesteuerten Illusion verdankt, weiter, auch wenn sie tausendmal so oder anders beantwortet wurde. Es ist wie mit dem Tod. Wir können ihn naturwissenschaftlich-physiologisch bestimmen und so auch mit ihm umgehen, sachlich-nüchtern, er bleibt dennoch das extremste Ereignis, das allen bevorsteht und mit dem keiner wirklich zurande kommt. Deshalb ist in der Literatur die Liebe mit dem Tod tausendfältig verknüpft.

Die chansonähnlichen Gedichte, in denen die Liebe bald gefühlsbewegt, bald nüchtern, aber immer beobachtend beschrieben wird, finden sich schon bei Heine, höchst variantenreich. In den *Neuen Gedichten* von 1844, aus seiner vergnügtesten Pariser Zeit, also bevor ihn die Krankheit niederwarf, gibt es eine lange Reihe von kleinen Gedichtgruppen, die je den Namen einer Geliebten tragen. Das hat schon von der Anlage her Forschungscharakter. Und die entsprechenden Analysen nimmt der Dichter sowohl an sich selbst wie an den Frauen vor. Sein eigenes Verhalten sieht er so:

Überall wo du auch wandelst,
Schaust du mich zu allen Stunden,
Und je mehr du mich misshandelst,
Treuer bleib ich dir verbunden.

Denn mich fesselt holde Bosheit,
Wie mich Güte stets vertrieben;
Willst du sicher meiner los sein,
Musst du dich in mich verlieben.[14]

Die Pointe steckt nicht zuletzt darin, dass das Gedicht an die Frau gerichtet ist. Er erklärt ihr sachlich, dass er immer verliebter werde, je weniger sie von ihm wissen wolle, und gibt ihr den fachmännischen Rat, wenn es ihr wirklich daran gelegen sei, seinem Werben ein Ende zu setzen, müsse sie sich ihm zuwenden. Was logisch und doch hinterhältig ist, denn tut sie das – soweit man so etwas überhaupt wollen kann –, wird sie darüber selbst unglücklich. Das gliche einer Medizin gegen Bauchschmerzen, die zwar hilft, aber ebenso heftige Kopfschmerzen hervorruft. Der saloppe Vergleich ist hier dabei in der Tat nicht ganz abwegig, weil die liebesanalytischen Gedichte sehr oft zwischen Hingerissenheit und kaltem Spott pendeln.

Ähnlich das folgende Gedicht, das an eine Katharina gerichtet ist (das obige galt einer Clarisse). Hier lohnt es sich, auf die Stilebenen, die sprachliche Intonation und Wortwahl, zu achten:

Ich liebe solche weiße Glieder,
Der zarten Seele schlanke Hülle,
Wildgroße Augen und die Stirne
Umwogt von schwarzer Lockenfülle!

Du bist so recht die rechte Sorte,
Die ich gesucht in allen Landen;
Auch meinen Wert hat Euresgleichen
So recht zu würdigen verstanden.

Du hast an mir den Mann gefunden,
Wie du ihn brauchst. Du wirst mich reichlich
Beglücken mit Gefühl und Küssen,
Und dann verraten, wie gebräuchlich.[15]

Schon das dritte Wort schlägt den Ton an, der sich in der zweiten und dritten Strophe verstärkt. Hieße es statt »solche« »deine«, wäre die erste Strophe eine ungebrochene Feier der Geliebten. »solche« aber meint nicht das Einmalige, nicht eine unverwechselbar einzige Frau, sondern den Typus. Es gibt also viele davon, und sie gefallen dem Dichter immer. Das wird in der ersten Zeile der zweiten Strophe noch unverblümter gesagt: »die rechte Sorte«. So sprechen Kenner, sei's von Zigarren, sei's von Frauen. Und mit dem Ausdruck »Euresgleichen« katalogisiert das sprechende Ich die Begehrte ein weiteres Mal, wobei er ihr überdies genau jene erotische Expertenschaft zuschreibt, die er selbst besitzt und mit diesem Gedicht wieder unter Beweis stellt. Deshalb meint das böse Wort »verraten« im letzten Vers auch nicht – wie sonst so oft in der Literatur – einen schrecklichen Vorgang, der, wen er betrifft, in Elend und Untergang stürzt, sondern ein routinemäßiges Geschäft. Der Kenner weiß im Voraus, wie es läuft bei dieser Sorte.

Man darf aber auch bei einem so elegant unverfrorenen Text nicht vergessen, dass in den Liebesgedichten stets das Gegenteil des Ausgesprochenen versteckt sein kann, im Jubel die Not, in der Not der Jubel oder im Zynismus die echte Sehnsucht. Das ließe sich gerade bei Heine vielfach erkunden. Das herausragende Beispiel ist das Gedicht mit der Nummer XLIV aus dem Teil »Die Heimkehr« im *Buch der Lieder* – ein unheimlicher Text, der zuerst die berechnende Schauspielerei des erfahrenen Verführers vorstellt und dann den unerwarteten Umschlag in eine tatsächliche Liebesnot. Es gibt nicht viele Gedichte in der deutschen Literatur, die einen so komplexen seelischen Vorgang so zwingend beschreiben.

Nun ist es Zeit, dass ich mit Verstand
Mich aller Torheit entledge;
Ich hab so lang als Komödiant
Mit dir gespielt die Komödie.

Die prächtgen Kulissen, sie waren bemalt
Im hochromantischen Stile,
Mein Rittermantel hat goldig gestrahlt,
Ich fühlte die feinsten Gefühle.

Und nun ich mich gar säuberlich
Des tollen Tands entledge,
Noch immer elend fühl ich mich,
Als spielt ich noch immer Komödie.

Ach Gott! im Schmerz und unbewusst
Sprach ich, was ich gefühlet;
Ich hab mit dem Tod in der eignen Brust
Den sterbenden Fechter gespielet.[16]

Die saloppe Diktion, die das desillusionierte Liebesgedicht pflegt und die dessen Ironie so effektvoll machen kann, darf ihrer selbst nie ganz sicher sein. Die Bipolarität der Liebe schleicht sich auf vielen Wegen in die Dichtung und dies zu allen Zeiten. Deshalb nun ein Sprung um mehr als 150 Jahre voran.

Lebenspraktisch und illusionslos – weibliche Variante

In den Achtzigerjahren des 20. Jahrhunderts hat Ulla Hahn eine Reihe schmaler Lyrikbände herausgebracht, in denen sie so ungeschönt und unverfroren von der Liebe redete, wie man es lange nicht mehr gehört hatte. Sie kümmerte sich wenig darum, ob solche Gedichte »heute noch möglich« sind, wie die warnende Formel damals lautete. Ihre Verse besitzen einen eigentümlichen Chanson-Klang, mit dem sie sich herausnahm zu sagen, was ihr in Sachen Liebe am Platz und an der Zeit schien. So zum Beispiel:

Für den

Für den einen
der meine Tränen trank
für den andern
in dem mein Trübsinn versank
für diesen
der mein Verrücktsein ertrug

für jenen
der mein Unglück erschlug
für den
der mich bis aufs Blut geküsst
für den
an dem ich vergehen müsst.[17]

Eine ansehnliche Zahl. Eine kleine Registerarie, nicht gerade wie bei Leporello, aber doch mit Signalen einer munteren Abwechslung. Oder man darf an Heines Kolonne weiblicher Vornamen in den »Neuen Gedichten« denken. Das spiegelt sich auch in den Pronomina, die deutlich an die umgangssprachlichen Floskeln »der eine und andere«, »dieser und jener« anklingen. Dennoch spricht hier nicht ein weiblicher Don Juan, dem es um die Eroberung und den hurtigen Genuss geht. Sie redet von ihren Männern vielmehr mit Dankbarkeit, und sie werden auch keineswegs nach Sorten gruppiert wie die Frauen bei Heine, sondern in ihrer Individualität und erotischen Eigenart belassen. Alle sind sie offenbar auf die Frau empathisch eingegangen und haben ihr über das Bettglück hinaus manche Kümmernis erleichtert. Das sollte nach menschlichem oder männlichem Ermessen eigentlich reichen, denkt man. Eine ansehnliche Ernte.

Aber da ist dieser Irrealis ganz am Schluss: »Für den, an dem ich vergehen müsst.« Alle hat sie behutsam qualifiziert und abgehakt, einer aber wollte nie erscheinen; er hätte das verkörpert, was offenbar allen andern abgegangen ist. Zwar war es schön mit diesen, aber doch nicht das Äußerste, auf das sie insgeheim gewartet hat und weiterhin wartet. Man muss sofort an Mörikes »Nimmersatte Liebe« denken, an die verdeckte Klage in jenem Gedicht, dass die absolute Erfüllung selbst bei einem ewigen Kuss ausbleiben müsste. Natürlich würde man jetzt gerne zurückfragen und von der Frau, die in diesem Gedicht spricht, erfahren wollen, was sie denn mit der Wendung »an ihm vergehen« genau meint.

Aber das darf man nicht. Die Antwort darauf ist ja das ganze Gedicht selbst. Das ganze Gedicht besteht daraus, genau diese unheimliche Dimension der Liebe aufzureißen, die erotische Variante des berühmten Satzes von Augustinus: Inquietum cor nostrum donec requiescat in te – Unruhig ist unser Herz, bis es ruht in dir. Nur fehlt der Frau im Gedicht Ulla Hahns wie auch dem Mann bei Mörike die theologische Lösung, das zu Gott gesprochene »in te«, in Dir. Aber beide wollen diesen Salto in den Glauben auch gar nicht, sie wollen das Absolute gerade nicht als etwas, das die Liebe zwischen Menschen übersteigt, sondern als etwas, das dieser Liebe immanent wäre.

Das muss man wohl bedenken, wenn man nun betrachtet, wie Ulla Hahn mit allerlei Männern abrechnet. Gedichte von Männern, die mit allerlei Frauen abrechnen, gibt es seit Langem – von Shakespeares rätselvollen Sonetten an die Dark Lady (Sonette 127–152) über Brentanos rasendes Verdammungsgedicht: »Wohlan! So bin ich deiner los / Du freches lüderliches Weib!«[18] bis zu Erich Kästners Hohngesang »Ganz besonders feine Damen«.[19] Ulla Hahn operiert da behutsamer, aber immer noch grimmig genug. Sie bemüht sich sogar um besondere Einfachheit, wenn sie besonders scharf vom Leder zieht:

Zurechtgerückt

Ganz leise hast
du dich angezogen
ganz leise noch einmal
zärtlich gelogen

Ganz leise die
Türe zugedrückt
ganz leise dein
Herz zurechtgerückt.[20]

Das ist in der Form ein Liedchen, wie es viele gibt, bald für Kinder, bald für alle, und die immer besonders liebenswert sind durch ihre Schlichtheit. Und gerade dieser charmante Klang, den man schon beim Anblick der zwei Strophen wie aus einer Musikdose zu vernehmen glaubt, verstärkt die böse Ironie. Die Autorin verzichtet darauf, den explosiven Akt ganz an den Schluss zu setzen, obwohl das Effekt gemacht hätte. Sie spricht die Wahrheit schon am Ende der ersten Strophe aus und wiederholt dies spiegelgenau am Ende der zweiten. Die symmetrische Struktur – viermal »ganz leise« am Versbeginn, viermal das Partizip Perfekt am Versende – verstärkt die Vorstellung einer geträllerten Melodie. Weil aber, was der Fall ist, schon in der vierten Zeile klar wird, wo wir nach »ganz leise noch einmal zärtlich« einen behutsamen Abschied erwarten, aber mit dem »gelogen« hart vor den Kopf gestoßen werden, lesen wir die zweite Strophe bereits illusionslos. Und sind dann trotzdem noch verblüfft über die Metapher, die die Autorin für die böse Sache findet: »ganz leise dein Herz zurechtgerückt«. Die Formulierung liegt einerseits in der logischen Konsequenz des Gesamtvorgangs. Der Liebhaber hat sich angezogen und rückt zum Abschluss die Krawatte zurecht: ein Ritual des Übergangs aus der privaten in die öffentliche Welt. Es ist ein reflexhafter Handgriff, niemand denkt sich etwas dabei. Und nun wird dieser banale Akt – vermutlich zum ersten Mal in der Literatur – zu einer brisanten Metapher. Aus der Krawatte wird das Herz. Dieses ist ihm in der Liebesnacht etwas verrutscht in Richtung der starken Gefühle. Das muss sofort korrigiert werden, denn außerhalb der Tür hat es keine Geltung mehr. Die Frau aber, die das sieht, erlebt es als Verstoßung. Sie ist nun überzählig.

Es ist ein bitteres Gedicht, aber die Souveränität, mit der es gefügt ist, sagt indirekt etwas über das Ich aus, das hier spricht.

Das gilt auch von den folgenden zwei Strophen, in denen eine ähnliche Klage laut wird und das sogar mit den gleichen Worten beginnt:

Leises Licht

Ganz leise leise leise geht das Licht
den ich nicht kenne geht an meiner Seite
wir gehen wie ein Paar auf schöne Art
und scheu schau ich ihm manchmal ins Gesicht

das neben meinem liegen wird wenn alles Licht
gegangen ist wird er an meiner Seite
mich lieben wie ein Mann auf schöne Art
und treu und bleiben und es gibt ihn nicht.[21]

Ein bitteres Fazit. Und doch ist das Gedicht wunderschön und spricht auch so von der Liebe. Das »leise Licht«, das alles einhüllt, steht für eine der vielen Formen des Glücks. Nicht stürmisch, nicht aufjauchzend, keine wilde Ekstase, sondern eine sanfte Gewalt: Glück als das beruhigte Beisammensein, das alle andern Wünsche außer Kraft setzt. Die letzten vier Worte machen daraus eine trügerische Phantasie. Und sie brechen den Stab auch gleich über alle Männer. So hat es schon Eichendorffs Lorelay gesagt: »Groß ist der Männer Trug und List«. Nur Lüge und Verrat haben die Frauen vom andern Geschlecht zu erwarten. Dabei hat die gleiche Autorin im ersten ihrer hier zitierten Gedichte doch eine ganze Reihe von Männern vorgeführt, die ihr höchst zugetan waren in liebeskräftigen Begegnungen. Nur den Anforderungen der Frau haben sie nicht genügt. Wir stehen offenbar einer Autorin gegenüber, die in ihren Gedichten leidenschaftlich von der Liebe redet, aber stoßend inkonsequent. Was führt die überhaupt für ein Leben?

Das ist die falsche Frage, und sie schafft im Umgang mit der Literatur viel Durcheinander. Es gibt in allen literarischen Texten Bezüge zur privaten Existenz der Verfasser, und man soll sie auch erforschen, wenn man dahingehend interessiert ist. Aber sie sind nie bis ins Letzte beweisbar, und ihr Informationswert für das Werk und dessen künstlerische Qualitäten ist weit geringer als man angesichts der vielen armdicken Biographien denken würde, die über bedeutende Schriftstellerinnen und Schriftsteller unablässig geschrieben werden. Was uns in einem Werk überwältigt, weckt die Neugier auf das private Leben dessen, der es geschaffen hat. Das ist legitim. Aber die spontane Überzeugung, im privaten Leben stecke mithin auch der Schlüssel zu den Geheimnissen einer komplexen Arbeit, ist naiv. Sein privates Leben ist für den Künstler Material unter vielen Materialien; er beutet es aus, soweit es ihm zupasskommt, und geht damit so willkürlich um, wie ihm gut scheint. Die Detailkenntnisse über seine Biographie können dann aber sogar den Zugang verstellen und die Einsicht in den Glutkern seiner Werke verhindern. Dass wir über Shakespeares Leben so wenig wissen, ist einer der großen Glücksfälle der Kulturgeschichte. Welches Getümmel von Verwandten und Bekannten und Freunden und Geliebten und Feinden und Rivalen würde uns sonst die genuine Erfahrung seiner Werke, insbesondere der größten Figuren, die er geschaffen hat, blockieren! Wenn die Forscher nachwiesen, dass Lady Macbeth die Züge von Shakespeares Schwiegermutter trage: Wäre es da noch möglich, von der Dämonie dieser Frau so erschüttert zu werden, wie es jetzt geschieht?

Diese Warnung muss man auch gegenüber den Gedichten, nicht zuletzt den Liebesgedichten aussprechen. Wenn die Männer in den erotischen Strophen Ulla Hahns das eine Mal kalte Verräter sind, bald darauf wieder hinreißende Geschöpfe und herzerwärmende Bettgefährten, verstecken sich darin keine biographischen Informationen, die von den Lesern eruiert werden sollen. Vielmehr legen diese scheinbaren Widersprüche den Willen einer Autorin frei, in ihrem Dichten alle Aufregungen und Nöte der Liebe exemplarisch ins Wort zu holen.

Deshalb soll nun auch noch ein Liebesgedicht von Ulla Hahn hier stehen, das von rückhaltloser Hingabe spricht und nichts weiter. Es dürfte seinen biographischen Hintergrund haben – wen kümmert's? Das Bewegende dieser Verse hängt nicht von den Faktoren der Entstehung ab, es liegt in der Aussage, die in jedem Wort mitschwingt: Seht her, so gut und richtig kann es sein. Wirklich und wahrhaftig.

Als er zurückkam

Als er zurückkam mein Freund mein Geliebter
blass mager mich in den Arm nahm
begriff ich augenblicks dass er sterblich ist
mitten in seinem lebendigen Kuss. Wie noch nie
versicherte ich mich seiner Lippen der Zunge
ja mir war ich müsste mein Leben einfauchen
dem der mich so warm und verlässlich umschloss.
Wunder gebaren mir plötzlich all seine vierzig
Jahr alten Arme und Beine seine schöne Brust
sein Bauch sein Geschlecht sah ich mit eigenen Augen
nach Jahren so wie sie sind. Nein ich liebte ihn nicht
wie beim ersten Mal blindlings verschlossen. Nein ich
liebte ihn
offenen Auges Blutes mit allen Kräften zum ersten Mal.

Seither denke ich anders an ihn wenn er nicht bei mir und
bei mir ist: er ist ein sehr kostbarer sehr vergänglicher
Mensch.[22]

Wenn die Liebe in einem Liebesgedicht fraglos gesichert ist, wenn kein Zweifel lauert, kein Verdacht in der Luft liegt, werden neue Formen des Sehens frei. Ein unerwartetes Wissen kann aufgehen: Erkenntnis als eine Dimension der Liebe. Dabei könnte man in der Erfahrung, die die Frau hier macht, auch eine Form von Entzauberung sehen. Er ist nicht mehr der Traummann, die Vollkommenheit auf zwei Beinen. Und doch geschieht keine Desillusionierung im negativen Sinn des Wortes. Es gibt einfach die zirkulierenden Klischees nicht mehr von dem, was schön sei und was nicht, es gibt allein die eigentümliche Schönheit, die für eine Frau auch ein Mann haben kann, dem man das Alter ansieht, der Spuren einer überwundenen Krankheit zeigt, dessen Körper sich weiterhin verändern wird nach den Regeln der Natur, aber der gerade als die einmalige Person, die er nun ist, zu einer Kostbarkeit wird.

Dass diese Kostbarkeit auch eine erotische ist, macht die Bedeutung dieses Gedichtes aus. Die Frau begehrt ihn nicht trotz seiner jetzigen Erscheinung, sondern wegen ihr. Der Anhauch von Schwäche begeistert sie zu einem unternehmungslustigen Bettverhalten. Das einzige ausgefallene Wort im Text deckt das auf: »einfauchen« will sie ihm ihr eigenes Leben. Das bewegt sich im Bildfeld der Katzen, der Tigerweibchen, ist in gleichem Maße erotisch wie mütterlich (was allzu oft als Gegensatz gesehen wird).

So kehrt denn hier auch in winzigen Signalen die Tradition wieder zurück, die einst die Liebesgedichte geprägt hat wie wenig sonst: die Aufzählung der einzelnen Schönheiten des oder der Geliebten. Davon war im Zusammenhang mit Celans »Bildnis eines Schattens« ein erstes Mal die Rede. So wie das

Liebesgedicht immer wieder von den Phasen der Liebe sprechen muss, vom Sprengen aller Grenzen, von der letzten und höchsten Steigerung, aber auch von Verblendung und Ernüchterung, vom Verrat und von der problematischen Beschaffenheit des jeweils anderen Geschlechts, nähert es sich irgendwann auch wieder der Feier aller einzelnen Teile des begehrten Körpers.

Ähnlich uralt ist in den Liebesgedichten das Thema der Vergänglichkeit. Heute gilt es zu leben und zu lieben, morgen sind wir tot! Hör auf, dich zu sträuben! Bis zur Besessenheit wurde dieser Imperativ einst lyrisch ausgelebt. Dass er auch in einem modernen Gedicht wieder vibrieren kann, zeigt »Als er zurückkam«.

Liebe ohne Vorbehalt

Es gibt die bedingungslose Feier der geliebten Frau, des geliebten Mannes im Gedicht. Auch die Gegenargumente sind, gereimt und ungereimt, reichlich vorhanden. Aber im Unterschied etwa zum Roman ist das Gedicht die Verewigung eines Jetzt. Nicht nur und nicht immer, aber die Inszenierung eines Jetzt ist doch die überragende Grundbedingung des Gedichts. Schon das älteste hier zitierte Zeugnis, Sapphos vier Zeilen, beginnt mit der genauen Bestimmung des Zeitmoments: der Mond und die Plejaden sind eben untergegangen, es ist Mitternacht. Das macht die Hälfte des überlieferten Textes aus. Das lyrische Jetzt hat seine eigenen Rechte. Es darf sich absolut setzen: Was immer vorher war, was immer noch kommen wird, es zählt doch nur dieser Tag und diese Stunde. Man hat dieses königliche Privileg des Gedichts, gerade auch des Liebesgedichts, verspottet und verhöhnt: »Wartet ihr nur! Euch wird es schon noch in den Rosengarten regnen!«

Die prophetische Schadenfreude ändert aber nichts an der Tatsache, dass es dieses Jetzt gibt, im Gedicht und also immer neu, solange das Gedicht von irgendwem gelesen wird. Der Regen im Rosengarten ist ja auch nur ein anderes Jetzt. Es existiert keine Wirklichkeitsdifferenz zwischen der einen und der andern gelebten Stunde. So wie man dem radikalen Verzweiflungsgedicht gegenüber nicht argumentieren kann: »Es wird schon mal wieder besser!«, ohne es dadurch zu entwerten, die Monumentalität seines Jetzt zu zerstören, so kann man auch dem radikalen Glücksgedicht gegenüber nicht argumentieren. Man kann ihm höchstens jede Bedeutung für das eigene Leben absprechen.

Deshalb dürfen hier zum Abschluss auch ohne weitere Bedenken einige Gedichte betrachtet und bedacht werden, in denen das Glück der Liebe und das geliebte Wesen vorbehaltlos gefeiert werden. Es sind solche auch bisher schon zur Sprache gekommen, in anderem Zusammenhang, Else Lasker-Schülers »Tibetteppich« zum Beispiel und Goethes »Mailied«. Zweifellos gehören auch viele der trivialsten Gedichte, die je geschrieben wurden, zu dieser Gattung, aber das spricht nicht gegen sie. Hunderte müssen es versuchen, bis es wieder einmal glückt. Das rückhaltlose und zugleich vollkommene Liebesgedicht ist ein Produkt der Evolution wie das Gefieder des Pfaus und die Farben und Formen der Blume *Cypripedium calceolus*. Man hat sie nach der Liebesgöttin Kypris benannt und deren Schuh darin gesehen; später dann, in christlichen Gegenden, bezog man sie auf Maria, »Unsere Liebe Frau«, und nannte sie »Frauenschuh« oder, zärtlicher, »Frauenschühlein«. Wer auf einer Wanderung um Mitte Mai herum unerwartet auf sie stößt, vergisst den Moment nie mehr. Schöneres wächst nicht in europäischen Wäldern.

Solche Vollkommenheit strebt auch das unbedingte Liebesgedicht an, im Versuch, damit die Vollkommenheit des oder

der Geliebten zu erreichen, und eine Spur von dieser erotischen Energie steckt überhaupt in allen Gedichten.

Es gibt Dichter, die hundert Jahre lang in aller Mund waren, und jetzt nur noch ein unscharfes Gerücht, Inbegriff des Veralteten sind. Zu ihnen gehört Ludwig Uhland. Aber wer ihn vorurteilslos liest, merkt, dass beides begründet ist, der einstige Ruhm und die heutige Gleichgültigkeit. Nur nicht aufgrund der gleichen Texte. Gelegentlich glückte ihm eine Strophe von rätselhafter Zeitlosigkeit:

Heimkehr

O brich nicht, Steg, du zitterst sehr!
O stürz nicht, Fels, du dräuest schwer!
Welt, geh nicht unter, Himmel, fall nicht ein,
Eh' ich mag bei der Liebsten sein.[23]

Das hat die Lapidarität alter Spruchdichtung und ist doch die Vergegenwärtigung eines gelebten Jetzt. Der erste Vers fängt noch eine konventionelle Empfindung ein. Der Steg zittert, und der Wanderer denkt: Wenn er jetzt auseinanderfällt, sehe ich die Geliebte vielleicht nie mehr. Und daraus wird nun eine Steigerung, die wahrhaftig großartig ist, weil sie eine realistische Situation bis ins Mythisch-Weltgeschichtliche dehnt. Schon dass der überhängende Fels jetzt gleich fallen könnte, ist absurd. Völlig verrückt aber, rein logisch gesehen, ist die Angst, der Weltuntergang mit dem Jüngsten Gericht und den vom Himmel fallenden Sternen könnte dem Verliebten noch dazwischen kommen. Rhetorisch betrachtet sind das alles Hyperbeln, gezielte Übertreibungen, die sofort als solche erkannt werden. Dennoch gibt ihnen der Kontext der Liebe hier eine Bedeutung, die das Dekorative eines konventionellen Stilmittels übersteigt. Der Hauch des Komischen, den jede Übertreibung hat, verblasst vor dem tatsächlich furchtbaren Gedanken, die geliebte Frau nie mehr zu sehen. In dem mächtigen Crescendo der ersten drei Verse wird die Liebe zum Sinn und zur Mitte der Welt, ihr Scheitern zu deren Untergang. Vermittelt wird dies in einem Sprachspiel, das sich als solches nicht verleugnet, und gerade dadurch echt und wahr wird, starke Liebe und starke Dichtung zugleich.

Die plötzliche Verdichtung zu einer Lakonie, die von der lyrischen Geschwätzigkeit der biedermeierlichen Romantik deutlich absticht, kann bei Uhland sogar innerhalb einer einzelnen Strophe geschehen, während die nächste schon wieder resonanzlose lyrische Routine ist. So in dem Gedicht »Die Abgeschiedenen«:

So hab ich endlich dich gerettet
Mir aus der Menge wilden Reihn!
Du bist in meinen Arm gekettet,
Du bist nun mein, nun einzig mein.
Es schlummert alles diese Stunde,
Nur wir noch leben auf der Welt;
Wie in der Wasser stillem Grunde
Der Meergott seine Göttin hält.[24]

Man staunt, wie sich hier aus einem wenig versprechenden Auftakt ein magisches Bild löst: Die ersten vier Zeilen sind solide Dichtung in der Manier der Zeit. So oder ähnlich hat man es schon öfters gehört. Dann aber geht die poetische Rede in einen andern Zustand über wie die zwei Liebenden selbst, von denen berichtet wird. Plötzlich ist es totenstill, plötzlich gibt es die Welt aller andern gar nicht mehr, und die Vision vom Meergott und seiner Göttin – eigentlich eine Hyperbel wie der Weltuntergang in der »Heimkehr« – gewinnt eine sinnliche Gegenwart, die auch hier das anfängliche rhetorische Spiel vergessen lässt. Uhlands besonderes Genie, das man in den Zeiten seines größten Ruhms in jenen Arbeiten sah, die für uns heute seine handwerkliche Souveränität bezeugen, wird in Wahrheit an solchen Stellen zum Ereignis: Hier tritt er in das Reden ein, das sich in den Liebesgedichten so oft mit dem spezifischen Abseits des Paars verbindet, dem Abseits im Wald, in den Elementen, außerhalb aller gesellschaftlichen Regeln und Gesetze. Dieses Abseits kann ebenso gefährlich sein, wie es erlösend ist. Loreleys »Kommst nimmermehr aus diesem Wald!« könnte auch hier gelten, aber die radikalen Konsequenzen werden gleich verdeckt, indem das Gedicht wieder in den Ton der lyrischen Massenproduktion zurückfällt. »Dein leises, liebevolles Kosen / Ist nun mein einz'ger süßer Klang [...]«.

Vollkommen in sich geschlossen und vollendet aber ist das Gedicht »Seliger Tod«, das in der Uhland-Rezeption meistens merkwürdig verschwiegen wurde:

Seliger Tod

Gestorben war ich
Vor Liebeswonne;
Begraben lag ich
In ihren Armen;
Erwecket ward ich
Von ihren Küssen;
Den Himmel sah ich
In ihren Augen.[25]

Man möchte sagen: das spielt sich in jener Tiefe ab, wo der Meergott seine Göttin hält. Das eigentliche Thema ist das, was die Franzosen »La petite mort« nennen, den Kleinen Tod, die Bewusstseinstrübung oder -auflösung auf dem Höhepunkt der körperlichen Liebe. Möglicherweise spielt der Titel auf den französischen Ausdruck an; der junge Uhland lebte fast ein Jahr in Paris, beschäftigte sich dort mit der französischen Literatur und entdeckte die altfranzösische Epik. In einem kühnen Akt der Verweltlichung wird hier das körpersinnliche Erleben mit der christlichen Lehre von Tod und Auferstehung überblendet. Der Gläubige stirbt, wird begraben, liegt lange Zeit in der Erde und wird am Jüngsten Tag wieder von den Toten auferweckt, um in die ewige Seligkeit des Himmels einzugehen. Im Credo, dem Glaubensbekenntnis der christlichen Kirchen, wird dies beschrieben als ein Nachvollzug des Sterbens und Auferstehens Jesu. Alle Phasen des Vorgangs kommen in Uhlands erotischem Hymnus vor, nur ist die Macht, die den Gestorbenen erweckt, nicht der Weltenrichter am Jüngsten Tag, wie ihn Michelangelo in der Sixtinischen Kapelle gemalt hat, sondern es sind die Küsse der geliebten Frau, und der Tod ist nicht durch Krankheit oder Gewalt eingetreten, sondern durch die Übermacht der Wollust in der Vereinigung. Deshalb ist das Grab auch nicht in der Erde, ist also nicht das sprichwörtliche »kühle Grab«, sondern es ist das heiße Umschlungensein von den schönen Armen. Und der Eingang des Auferweckten in den Himmel, den die Maler nie recht malen konnten, weil niemand weiß, wie der Himmel eigentlich aussieht – im Unterschied etwa zur Hölle –, dieser Eingang geschieht im Moment, da der Mann die Augen wieder aufschlägt und nun seinen leibhaftigen Himmel vor sich sieht in den leuchtenden Augen der Geliebten.

Fromme Seelen könnten das als Blasphemie empfinden, aber es gibt eine Tradition, religiös-spirituelle Vorgänge unter Verwendung des entsprechenden Vokabulars ins Irdisch-Sinnliche umzuwenden, die weit ins Mittelalter zurückreicht. Uhland dürfte bei seinen altfranzösischen Studien solchen Texten begegnet sein.

Ein philologisch-literaturwissenschaftliches Spiel ist dieses Gedicht aber nicht. Schon der Titel zeigt, dass es ernst gilt. Es ist eine Feier der Liebe und der Geliebten ohne allen Vorbehalt. Wobei statt des sonst üblichen Präsens der Gedichte, die solches unternehmen, hier die Vergangenheitsform steht. Nicht »Wie lieb ich dich!«, sondern »Den Himmel sah ich«. Das geht auch gar nicht anders, denn im Jetzt, das beschrieben wird, liegt der Mann ja in bewusstloser Verzückung da.

Die formale Vollendung des Gedichts »Seliger Tod« gleicht jener des Gedichts »Heimkehr«. Und doch ist die Dynamik eine andere: »Heimkehr« operiert mit einer Klimax, einer gestuften Steigerung in ein letztes Extrem, um das Extrem der unbedingten Liebe zu vergegenwärtigen. »Seliger Tod« reiht die vier Phasen der Beiwohnung in genauen Parallelen aneinander, gleichmäßig redend, aber das Geschehen wird durch den Hallraum der Verben zu einem Ereignis der Letzten Dinge. Hier wie dort nimmt die Intimität der Liebe schließlich die Dimensionen eines Weltendes oder einer Neuschöpfung an.

»Sie ist der Erden höchstes Gut«

Es scheint in den unbedingten Liebesgedichten, die sich um die Gefahren des Scheiterns, der kommenden Ernüchterungen, des Streits, Verrats und Auseinanderlaufens in keiner Weise kümmern, eine Not zu herrschen, das, was zu sagen ist, wirklich in seiner ganzen Gewalt und Mächtigkeit auszusprechen. Die üblichen Vergleiche und Metaphern wollen nicht ausreichen. Äußerste Möglichkeiten der Existenz müssen beschworen werden. So verbildlicht Goethe in seinem Gedicht »Wiederfinden« die erneute Begegnung mit der Geliebten – »Ist es möglich, Stern der Sterne, / Reiß ich wieder dich ans Herz« – in der Erschaffung des leuchtenden Kosmos.

Solche Akte metaphorischer Zügellosigkeit können irritierend, unter Umständen sogar abschreckend wirken. Texte von hoher Originalität laufen dadurch Gefahr, von der breiten Leserschaft umgangen zu werden. Zu diesen gehört das folgende Gedicht von Ricarda Huch, einer Autorin von gesichertem Rang, aber gleichwohl zu schmaler Präsenz im literarischen Bewusstsein:

EWIGE LIEBE

Nicht im Paradiese,
Nicht in den Gefilden
Ew'ger Seligkeiten,
Wenn dahin mit milden
Worten Gott mich wiese,
Würd' ich freudig schreiten,
Wenn ich liegen könnte
Dir im Grab zur Seite,
Wo mich von dir trennte
Keines Fingers Breite.
Wenn auch von dir schwände
Alles Fleisch, das warme,
Knochen deine Hände,
Knochen deine Arme,
Wärst mir Glück und Frieden,
Wenn uns nur beschieden
Alle hundert Jahre
Eine Stunde käme,
Die den Schlaf der Bahre
Von uns beiden nähme,
Daß wir uns erkennten
Trotz des Todes Walten
Und in unsrer alten
Liebe jäh entbrennten.[26]

Ein weiteres Mal wohnt man da der fast verzweifelten Suche nach einer Verbildlichung der großen Liebe bei. Sogar das Paradies wird jetzt abgelehnt, immerhin einer der ältesten Träume der gequälten Menschheit. An seine Stelle tritt eine Vorstellung, die für die einen gespenstisch oder gar abscheulich, für die andern aber umso ergreifender wirken dürfte: die Vision, dass die zwei Liebenden nebeneinander im Grabe liegen, knochenblank, aber eng beisammen, und alle hundert Jahre wieder erwachen, eine kurze Stunde lang nur, um einander wieder zu erkennen und in der Liebe aufzulodern, in der sie sich jetzt, da die Frau im Gedicht das Gedicht spricht, verbunden wissen.

Gewiss steht hinter diesen Versen auch Ricarda Huchs Vertrautheit mit der Literatur des Barock, in der die konkreten Gegebenheiten des Todes viel gegenwärtiger waren und ungescheuter benannt wurden als später in der bürgerlich-aufgeklärten Welt, die eine Kultur der gepflegten Verschleierung solcher Wirklichkeiten entwickelte. Und doch macht gerade das Schockierende der zentralen Szene die künstlerische und humane Leistung des Gedichts aus. Ich liebe dich so sehr, scheint die Frau dem Geliebten mitzuteilen, dass ich es auf keine andere Art zu sagen vermag, selbst wenn sich deshalb alle von diesem Gedicht abwenden sollten. So steht es nun einmal mit mir und mit uns.

Ein Dichter aus dem späten Barock, der die konkreten Gegebenheiten des Todes so wenig zu benennen zögerte wie die konkreten Gegebenheiten der Liebe, war Johann Christian Günther. Eines seiner berühmtesten Gedichte trägt den Titel: »Als er der Phillis einen Ring mit einem Totenkopf überreichte«.[27] Darin bittet er Phillis zunächst, vor dem »Liebeszeichen« nicht zu erschrecken. Es trage zwar »unser künftig Bild«, doch würden nur jene davor erbleichen, »bei welchen die Vernunft nichts gilt«. Der Vernünftige nämlich wisse, dass Liebe und Tod miteinander verbunden sind: »Denn beide sind von gleicher Stärke / Und spielen ihre Wunderwerke / Mit allen, die auf Erden gehn.« Ob das der jungen Frau eingeleuchtet hat, wissen wir nicht, aber das Gedicht könnte der jungen Ricarda Huch den Mut zu ihrer »Ewigen Liebe« gegeben haben.

Dass Günther dennoch nicht der Meinung war, er müsse aus philosophischen Gründen mit den Frauen, die er liebte, immer auch über das Sterben reden, zeigt sein Gedicht »An Selinde«. Zwar bittet er die Geliebte auch hier, nicht zu erschrecken, doch nicht vor einem Schädel, sondern vor seiner »schnellen Hand«, die jetzt spielend nach ihrem Busen greife. Ein kleines philosophisches Privatissimum erteilt er ihr aber gleichwohl, und ebenfalls mit dem Hinweis auf die Vernunft als höchste Autorität. Er tut es indessen nicht, um die junge Frau gegen die Vergänglichkeit zu wappnen, sondern um ihr das schlechte Gewissen beim Lieben, die Sündenvorstellungen und die damit verbundene Angst vor der Hölle auszutreiben. Die Hölle, sagt er, sei ein Produkt der Einfalt, will sagen: der menschlichen Dummheit; sie sei Aberglauben und »ein bloßes Weltgesetze«, das heißt: von Menschen erfunden und zu einem Druckmittel gemacht. In Wahrheit sei der Himmel nicht der Feind der Liebe, sondern deren Ursache, er sei der Zunder und Samen der Liebesflammen. Wenn also der Himmel selbst die Liebe befiehlt, wie sollte er sie dann verdammen wollen? So der liebesphilosophische Crashkurs in einer einzigen, der zweitletzten Strophe des Gedichts. Ein famoser Augenblick kühner Aufklärung:

Die Einfalt macht die Hölle heiß,
Vermeid des Aberglaubens Netze,
Von welchen die Vernunft nichts weiß,
Es ist ein bloßes Weltgesetze.

Der Himmel flößt den Zunder ein
Und gibt den Samen treuer Flammen,
Wie sollt er denn so töricht sein
Und, was er selbst befiehlt, verdammen?

Und während der junge Mann dergestalt mit seinem Scharfsinn argumentiert, lässt er seine Hände auf ihre Weise argumentieren, und eines wie das andere, dürfen wir annehmen, findet die Zustimmung der Geliebten.

Das Gedicht, könnte man sagen, sei der Bericht über eine Verführung. Das Wort hat im Deutschen einen Anstrich von Gewalt, legt einen Täter und ein Opfer nahe. Dies wird nun dadurch widerlegt, dass die Zärtlichkeiten von ebenso behutsamer Überzeugungsarbeit begleitet werden. Die Frau soll »Ja« sagen, aber nicht infolge der Künste eines erotischen Virtuosen, sondern aus Einsicht. Was der Mann will und erreicht, ist die freie Zustimmung einer autonomen Person. So betrachtet, verliert der philosophische Exkurs als Element einer stürmischen Werbung in paradiesischer Landschaft den Anstrich des unfreiwillig Komischen. Ein solcher Eindruck kann nämlich nur dort entstehen, wo das Klischee gilt, dass Leidenschaft und Vernunft sich gegenseitig ausschließen.

So stehen denn am Ende dieser langen Ausführungen zur Frage, was ein Gedicht sei, die Strophen des 24-jährigen Johann Christian Günther, die, geschrieben 1719, zu einem Lebenswerk gehören, das einer neuen Dichtung in Deutschland den Weg bahnte. Er selbst endete früh im Unglück, verstoßen von einem steinharten Vater, chancenlos in einer Welt, die dem Ungestüm seiner Gefühle und der Vitalität seiner Kunst verständnislos gegenüberstand – ein Poète maudit, wie es nach ihm noch viele geben sollte. Das Gedicht allerdings zeugt von seiner Glücksfähigkeit und wohl auch davon, dass er sie auslebte, wann immer sich die Möglichkeit bot.

An Selinden

Hier setze dich, verschämtes Kind;
Hier ist gut sein, hier lass uns bleiben,
Wo Lind und West gesprächig sind
Und Fels und Wald den Gram vertreiben;
In dieser grünen Einsamkeit,
Wo Bach und Stein und Blätter rauschen,
Soll weder List, Gefahr noch Neid
Den süßen Frühlingsscherz belauschen.

Die Schätze deiner keuschen Zucht
Und der noch unberührten Brüste
Sind wahrlich eine seltne Frucht,
Nach der ich innerlich gelüste.
Erschrick nicht vor der schnellen Hand
Und lass sie in dem Busen spielen;
Ich führe dich in einen Stand,
Des Lebens Kern und Mark zu fühlen.

Wohin mein Kuss dein Wange drückt,
Da wächst der Rosen Glanz und Menge;
So bald mich nur die Haut entzückt,
Kommt Herz und Sehnsucht ins Gedränge,
Da wallt, da springt es in der Brust,
Da will es sich genau verbinden,
Ach paare doch mit ihm die Lust
Und lass es seine Ruhstatt finden!

Vor was errötest du, mein Licht?
Ich werde dich nichts Böses lehren;
Du kennst das süße Spiel noch nicht,
Dein Anblick raubt mir Sehn und Hören,

Die Liebe wünscht dich in ihr Reich,
Gehorch ihr doch auf mein Erklären,
Sie wird sich dir und dies zwar gleich
Mit aller ihrer Lust gewähren.

Sie ist der Erden höchstes Gut,
Sie gibt dem Leben erst das Leben;
Erforsche nur dein eignes Blut,
Es wird mir heißen Beifall geben.
Ich weiß, ein unbekannter Zug
Erhitzt dir Adern, Brust und Wangen;
Ach, werde doch bei Zeiten klug
Und hintertreib nicht dein Verlangen.

Die Einfalt macht die Hölle heiß,
Vermeid des Aberglaubens Netze,
Von welchen die Vernunft nichts weiß,
Es ist ein bloßes Weltgesetze.
Der Himmel flößt den Zunder ein
Und gibt den Samen treuer Flammen,
Wie sollt er denn so töricht sein
Und, was er selbst befiehlt, verdammen?

Beschau die Werke der Natur,
Betrachte Bäume, Feld und Tiere
Und lerne, wie der Liebe Spur
Dich überall zum Scherzen führe!
Wodurch sind ich und du denn da?
Zu was bist du nebst mir geboren?
Der, so die Welt im Wesen sah,
Hat uns zum Lieben auserkoren.[28]

Anmerkungen

I. Vollkommenheit

1 Georg Heym, *Das lyrische Werk*, hrsg. von Karl Ludwig Schneider, München 1977, S. 160.
2 Gottfried Benn, *Sämtliche Werke. Stuttgarter Ausgabe*, hrsg. von Gerhard Schuster, Bd. 1: *Gedichte 1*, Stuttgart 1986, S. 16.
3 In den Bänden: *idyllen. gedichte*, Frankfurt a. M. 1989; *peter und die kuh*, München 1996.
4 Günter Eich, *Die Gedichte. Die Maulwürfe*, hrsg. von Axel Vieregg, Frankfurt a. M. 1991, S. 37. (*Gesammelte Werke in vier Bänden*, Revidierte Ausg., Bd. 1.)
5 Charles Baudelaire, *Les Fleurs du Mal / Die Blumen des Bösen*, frz./dt., übers. von Monika Fahrenbach-Wachendorff, Stuttgart 2014, S. 92–95.
6 *Die nicht mehr schönen Künste. Grenzphänomene des Ästhetischen*, hrsg. von Hans Robert Jauß, München 1986. (Poetik und Hermeneutik 3.)
7 Ernst Jandl, *die bearbeitung der mütze*, Darmstadt/Neuwied 1978, S. 151.
8 Ingeborg Bachmann, *Anrufung des Großen Bären. Gedichte*, München 1956, S. 68.
9 55. Sonett; Shakespeare, *The Sonnets. Sonette*, übers. von Otto Gildemeister. Frankfurt a. M. 1960.
10 54. Sonett; a. a. O.
11 18. Sonett; a. a. O.
12 55. Sonett; a. a. O.
13 Else Lasker-Schüler, *Die Gedichte*, hrsg. und komm. von Gabriele Sander, Stuttgart 2016, S. 108.
14 *Epochen deutscher Lyrik*, hrsg. von Walther Killy, Bd. 4: *Gedichte 1600–1700*, hrsg. von Christian Wagenknecht, München 1969, S. 325.
15 Paul Celan, *Die Gedichte aus dem Nachlass*, hrsg. von Bertrand Badiou [u. a.], Frankfurt a. M. 1997, S. 21.

II. Inspiration

1 An Xaver von Moos, 20. April 1923.
2 An Nanny Wunderly-Volkart, 15. Februar 1922.
3 Rainer Maria Rilke, *Die Sonette an Orpheus*, XXV. Sonett des Ersten Teils, in: ders., *Gesammelte Werke*, hrsg. von Annemarie Post-Martens und Gunter Martens, Stuttgart 2015, S. 807.
4 1. Kor. 15,55.
5 Rainer Maria Rilke, *Die Sonette an Orpheus*, VI. Sonett des Zweiten Teils, a. a. O., S. 812.
6 *Poe's Poems and Essays. Introduction by Andrew Lang*, London 1964, S. 166.
7 Ebd., S. 165.
8 Ebd.
9 *Poe's Poems and Essays*, a. a. O., S. 281 f.
10 *Platon's Werke. Fünfte Gruppe. Drittes Bändchen. Ion*, übers. von Franz Susemihl, Stuttgart 1864, S. 316.
11 A. a. O., S. 317.
12 A. a. O., S. 318.
13 Ebd.
14 William Shakespeare, *A Midsummer Night's Dream*, hrsg. von George Bagshawe Harrison, Harmondsworth 1957, S. 77.
15 Ebd.
16 Ebd., S. 78.
17 *Shakespeares Dramatische Werke*, übers. von August Wilhelm von Schlegel und Ludwig Tieck, hrsg. von Hans Matter, Bd. 5, Basel 1943, S. 58.
18 William Shakespeare, *A Midsummer Night's Dream*, a. a. O., S. 78.
19 Horaz, *Über die Dichtkunst*, in: Christoph Martin Wieland, *Werke*, hrsg. von Fritz Martini und Hans Werner Seiffert, Bd. 5, München 1968, S. 606.
20 Ebd., S. 619 f.
21 Ebd., S. 619.
22 Vgl. Lessing, a. a. O., S. 746.

III. Ernüchterung

1 Theodor W. Adorno, *Prismen. Kulturkritik und Gesellschaft*, Frankfurt a. M. 1969, S. 31; Erstdruck des betreffenden Aufsatzes 1949.
2 Jacob Balde, *Dichtungen. Lateinisch und Deutsch*, in Ausw. hrsg. und übers. von Max Wehrli, Köln/Olten 1963, S. 106 f.
3 Laurentius von Schnüffis, *Gedichte. Eine Auswahl*, hrsg. von Urs Herzog, Stuttgart 1972, S. 8 f.
4 Joseph von Eichendorff, *Gedichte*, hrsg. von Peter Horst Neumann, Stuttgart 1997, S. 78 f., hier S. 79.
5 Heinrich Heine, *Sämtliche Gedichte*, hrsg. von Bernd Kortländer, Stuttgart 1997, S. 7.
6 Vgl. Gottfried August Bürger, *Sämtliche Werke*, hrsg. von Günter und Hiltrud Häntzschel, München 1987, S. 1153.
7 Johannes von Saaz, *Der Ackermann aus Böhmen*, hrsg. von Louis L. Hammerich und Günther Jungbluth, Heidelberg 1951, S. 32.

IV. Epochenmoral

1 Theodor Storm, *Sämtliche Werke*, hrsg. von Friedrich Düsel, Einl. von Thomas Mann, Berlin 1930, Bd. 2, S. 844.
2 Theodor Storm, *Gedichte*, hrsg. von Gunter Grimm, Stuttgart 1997, S. 24.
3 Ebd., S. 53.
4 *Goethes Werke. Sophien-Ausgabe*, Bd. 1, Weimar 1887, S. 67.

V. Aufstand der Moderne

1 Stefan George, *Werke. Ausgabe in zwei Bänden*, Düsseldorf und München 1968, Bd. 1, S. 47.
2 Novalis, *Schriften*, hrsg. von Paul Kluckhohn und Richard Samuel, Bd. 1: *Das dichterische Werk*, Stuttgart 1977, S. 133.
3 Gottfried Benn, *Essays und Reden. In der Fassung der Erstdrucke*, hrsg. von Bruno Hillebrand, Frankfurt a. M. 1989, S. 554.

4 Georg Trakl, *Dichtungen und Briefe. Historisch-kritische Ausgabe*, hrsg. von Walther Killy und Hans Szklenar, Salzburg 1969, Bd. 1, S. 382.
5 A. a. O., Bd. 2, S. 166.
6 A. a. O., S. 167.
7 Ebd.
8 Ebd.
9 A. a. O., Bd. 1, S. 97.
10 Theodor W. Adorno, *Ästhetische Theorie*, Frankfurt a. M. 1970, S. 82.
11 Georg Trakl, a. a. O., Bd. 1, S. 167.
12 Bertolt Brecht, *Arbeitsjournal*, Bd. 1: *1938 bis 1942*, hrsg. von Werner Hecht, Frankfurt a. M. 1974, S. 123.
13 Arthur Rimbaud, *Leben und Dichtung*, übers. von K. L. Ammer (eigtl. Karl Anton Klammer), Einl. von Stefan Zweig. Leipzig 1921, S. 17.
14 *Œuvres de Arthur Rimbaud*, Paris 1952, S. 112.
15 Übers. von K. L. Ammer, a. a. O., S. 185 f.
16 Arthur Rimbaud, *Das trunkene Schiff / Le Bateau ivre*, übers. von Paul Celan, hrsg. von Joachim Seng, Frankfurt a. M. 2008.
17 Ebd., S. 124.
18 *Bertolt Brechts Gedichte und Lieder. Auswahl Peter Suhrkamp*, Frankfurt a. M. 1962, S. 8 f.
19 Bertolt Brecht, *Gedichte über die Liebe*, ausgew. von Werner Hecht, Frankfurt a. M. 1982, S. 210.
20 Stefan George, a. a. O., Bd. 1, S. 280.
21 A. a. O., S. 216.
22 A. a. O., S. 463.
23 A. a. O., S. 296.
24 Rudolf Borchardt, *Gesammelte Werke in Einzelbänden*, Bd.: *Gedichte*, Stuttgart 1957, S. 174.
25 Paul Celan, *Atemwende*, Frankfurt a. M. 1967, S. 26.
26 Ebd., S. 32.
27 Stefan George, a. a. O., Bd. 1, S. 466 f.
28 Paul Celan, *Lichtzwang*, Frankfurt a. M. 1970, S. 81.

VI. Hermetik

1 Paul Celan, *Atemwende*, a. a. O., S. 27.

2 Hans Arp, *Die Schwalbenhode*, in: *Dada Zürich. Texte, Manifeste, Dokumente*, hrsg. von Karl Riha und Waltraud Wende-Hohenberger, Stuttgart 2015, S. 91.

3 *Hamlet*, 2. Akt, 2. Szene.

4 Zit. in: Patrick Waldberg, *Der Surrealismus*, übers. von Ruth Henry, Köln [2]1972, S. 94.

5 Meret Oppenheim, *Husch, husch, der schönste Vokal entleert sich. Gedichte*, hrsg. von Christiane Meyer-Thoss, Frankfurt a. M. 2002, S. 83.

6 Ronald Hayman, *Bertolt Brecht. Der unbequeme Klassiker*, übers. von Alexandra von Reinhardt, München 1985, S. 241.

7 Vgl. dazu die Dokumente und Kommentare in: Peter Demetz, *Worte in Freiheit. Der italienische Futurismus und die deutsche literarische Avantgarde 1912–1934. Mit einer ausführlichen Dokumentation*, München 1990.

8 Antonin Artaud, *Le théâtre et son double*, Paris 1964, S. 67 (erstmals Paris 1938).

9 Ebd., S. 59.

10 Bertolt Brecht, *Gesammelte Werke 10. Gedichte 3*, Frankfurt a. M. 1967, S. 1013.

11 Vgl. als Kommentar zu diesem Gedicht Peter von Matt, *Wörterleuchten. Kleine Deutungen deutscher Gedichte*, München 2009, S. 159–161.

12 S. dazu: *Der ganze Mensch. Anthropologie und Literatur im 18. Jahrhundert. DFG-Symposion 1992*, hrsg. von Hans-Jürgen Schings, Stuttgart/Weimar 1994.

13 Peter Demetz, *Worte in Freiheit*, a. a. O., S. 132 ff.

14 Günter Grass, »Der lesende Arbeiter. Rede in Frankfurt/Main zum 50jährigen Bestehen der Büchergilde Gutenberg«, in: Günter Grass, *Werkausgabe in zehn Bänden*, Bd. 9: *Essays, Reden, Briefe, Kommentare*, Darmstadt/Neuwied 1987, hier S. 667.

15 Günter Grass, *Die Vorzüge der Windhühner*, Berlin/Neuwied 1956, S. 7.

16 Der Titel des Gedichts lautet »Allerseelen«. Wiederabdruck des Gedichts in: Peter von Matt, *Wörterleuchten. Kleine Deutungen deutscher Gedichte*, a. a. O., S. 96.
17 Hölderlin, *Werke und Briefe*, hrsg. von Friedrich Beißner und Jochen Schmidt, Frankfurt a. M. 1969, Bd. 1, S. 134.
18 Günter Grass, »Der lesende Arbeiter«, a. a. O., S. 668.

VII. Natur

1 Monika Rinck, *Verzückte Distanzen. Gedichte*, hrsg. von Heinz Kattner, Springe 2013, S. 10.
2 Gottfried Benn, *Sämtliche Werke. Stuttgarter Ausgabe*, Bd. 1: *Gedichte 1*, Stuttgart 1986, S. 227.
3 Gottfried Benn, *Gedichte 1*, a. a. O., S. 166.
4 Nach dem Erstdruck in der Zeitschrift *Iris*, hrsg. von Johann Georg Jacobi. Bd. 2, erstes Stück. Düsseldorf 1775, S. 47–48. Nicht übernommen wurde die Schreibung »iener« und »ienen« für »jener« und »jenen«. Nicht verändert wurde das doppelte »e« in »seegnest« wegen des Schlüsselcharakters dieses Wortes für das ganze Gedicht.
5 Sarah Kirsch, *Katzenleben. Gedichte*, Stuttgart 1984, S. 46.
6 Walther von der Vogelweide, *Gedichte*, dt./mhdt., hrsg., übers. und komm. von Horst Brunner, Lied Nr. 87, Strophe 1, Stuttgart 2012, S. 160 f.
7 »The Sun Rising«, in: *The Poems of John Donne*, hrsg. von Sir Herbert Grierson, London 1960, S. 10.

VIII. Politik

1 Frank Wedekind, *Gedichte und Lieder*, hrsg. von Gerhard Hay, Stuttgart 1989, S. 58. Das Zitat findet sich in der dritten Strophe des Gedichts »Des Dichters Klage«.
2 Frank Wedekind, a. a. O., S. 50–52. Von den sieben Strophen des Gedichts werden hier der Beginn, die dritte sowie die sechste und siebte zitiert.
3 Heinrich Heine, *Sämtliche Gedichte*, hrsg. von Bernd Kortländer, Stuttgart 1997, S. 417.

4 A. a. O., S. 458 f.

5 Willam Shakespeare, *Die Sonette / The Sonnets*, übers. von Klaus Reichert, Salzburg/Wien 2005, S. 144 f.

6 Franz Grillparzer, *Sämtliche Werke*, hrsg. von Peter Frank und Karl Pörnbacher, Bd. 1, München 1960, S. 437.

7 Günter Kunert, *Schatten entziffern. Lyrik, Prosa 1950–1994*, hrsg. von Jochen Richter, Leipzig 1995, S. 195.

8 Gertrud Kolmar, *Weibliches Bildnis*. Gedichte, München 1987, S. 157–158. (Der Band enthält alle bis dahin in Einzelausgaben und Sammlungen erschienenen Gedichte.)

IX. Liebe

1 Vgl. Sappho, [*Gedichte*], gr./dt., hrsg. und übers. von Emil Staiger, Zürich 1957, S. 30 f. – Die Übersetzung für das vorliegende Buch wurde vom Verfasser im Blick auf das Original und im Vergleich zu einer großen Zahl anderer Übersetzungen im Bemühen um größtmögliche Einfachheit vorgenommen.

2 Eduard Mörike, *Gedichte*, hrsg. von Bernhard Zeller, Stuttgart 1977, S. 29.

3 A. a. O., S. 87.

4 A. a. O., S. 32 f.

5 Johann Wolfgang Goethe, *Faust. Der Tragödie erster Teil*, Stuttgart 1986, S. 128 (Szene: Trüber Tag. Feld).

6 »dass [...] dann ewig die Brautnacht währt«, in: Novalis, *Werke und Briefe*, hrsg. von Alfred Kelletat, München 1953, S. 47.

7 Eduard Mörike, *Gedichte*, a. a. O., S. 31 f., hier S. 32.

8 A. a. O., S. 28.

9 Vgl. dazu Peter von Matt, *Liebesverrat. Die Treulosen in der Literatur*, München 1989, passim.

10 Der Satz fällt in Jean Pauls Roman *Titan*. Jean Paul, *Werke*, hrsg. von Norbert Miller, Bd. 3, München 1966, S. 362. Er lautet: »Solang' ein Weib liebt, liebt es in einem fort – ein Mann hat dazwischen zu tun.«

11 Ingeborg Bachmann, *Werke*, Bd. 1: *Gedichte, Hörspiele, Libretti, Übersetzungen*, München/Zürich 1978, S. 105 f.

12 Johann Wolfgang Goethe, *Gedichte in zeitlicher Folge. Neue Ausgabe*, hrsg. von Heinz Nicolai, Bd. 1, Wiesbaden 1958, S. 261.
13 Joseph von Eichendorff, *Gedichte*, hrsg. von Peter Horst Neumann, Stuttgart 1997, S. 59.
14 Heinrich Heine, *Sämtliche Schriften*, hrsg. von Klaus Briegleb, Bd. 4, München 1971, S. 340.
15 Ebd., S. 364 f.
16 Heinrich Heine, *Sämtliche Gedichte*, hrsg. von Bernd Kortländer, Stuttgart 1997, S. 324.
17 Ulla Hahn, *Freudenfeuer. Gedichte*, Stuttgart 1985, S. 20.
18 Clemens Brentano, *Werke*, Bd. 1, hrsg. von Wolfgang Frühwald [u. a.], München 1968, S. 264–266.
19 Erich Kästner, *Lärm im Spiegel*, Zürich 2014 (erstmals Leipzig 1929), S. 12 f.
20 Ulla Hahn, *Spielende. Gedichte*, Stuttgart 1983, S. 28.
21 Ulla Hahn, *Freudenfeuer*, a. a. O., S. 55.
22 Ebd., S. 22.
23 Letztes Gedicht des Zyklus »Wanderlieder«, zit. nach: Ludwig Uhland, *Gedichte*, hrsg. von Peter von Matt, Stuttgart 2001, S. 47.
24 A. a. O., S. 47.
25 A. a. O., S. 47 f.
26 Ricarda Huch, *Gesammelte Werke*, Bd. 5: *Gedichte, Dramen, Reden, Aufsätze und andere Schriften*, Köln/Berlin 1971, S. 69.
27 Johann Christian Günther, *Gesammelte Gedichte*, hrsg. von Herbert Heckmann, München 1981, S. 104.
28 A. a. O., S. 59–61.

Personenregister